Karl Jaspers
Einführung in die Philosophie

Serie Piper
Band 13

Zu diesem Buch

Dieses Buch ist die erfolgreichste Einführung in die Philosophie der Nachkriegszeit. Es erreichte nahezu 30 deutschsprachige Auflagen und Ausgaben, und es wurde in 17 Sprachen übersetzt. Der Erfolg kam durch zwei glückliche Verbindungen zustande: Jaspers' »Einführung« ist einerseits geprägt durch sein persönliches Denken, deckt aber zugleich das ganze Spektrum der Tradition ab. Sie ist dabei in allgemeinverständlicher Sprache geschrieben, die dennoch immer die Substanz der Probleme wahrt. Der Mut zur Subjektivität, verbunden mit dem Wissen um die Weite des bisher Gedachten – und der Mut zur Einfachheit, verbunden mit der Hellhörigkeit für die Relevanz der großen philosophischen Fragen: Das macht dieses Buch lesenswert über die Fachwelt hinaus und sichert ihm zugleich in dieser einen Rang.

Karl Jaspers, geboren 1883 in Oldenburg, studierte zuerst Jura, dann Medizin; Promotion 1909 in Heidelberg. Während seiner Assistentenzeit an der Psychiatrischen Klinik habilitierte er sich für Psychologie. Ab 1916 war er Professor für Psychologie, ab 1921 für Philosophie an der Universität Heidelberg. 1937 wurde er – bis zu seiner Wiedereinsetzung im Jahr 1945 – seines Amtes enthoben. Von 1948 bis 1961 war er Professor für Philosophie in Basel, wo er 1969 starb. Jaspers gilt als einer der Hauptvertreter der Existenzphilosophie. Seine Schriften – es sind über 30 Bände – liegen in mehr als 600 Übersetzungen vor.

Karl Jaspers

Einführung in die Philosophie

R. Piper & Co. Verlag
München Zürich

Zwölf Radiovorträge

ISBN 3-492-00313-3
Neuausgabe 1971
24. Auflage, 210.–216. Tausend Januar 1985
(12. Auflage, 78.–84. Tausend dieser Ausgabe)

Umschlag: Disegno
Druck und Bindung: Clausen & Bosse, Leck
Printed in Germany

Inhalt

1. Was ist Philosophie?

Was Philosophie sei und was sie wert sei, ist umstritten. Man erwartet von ihr außerordentliche Aufschlüsse oder läßt sie als gegenstandsloses Denken gleichgültig beiseite. Man sieht sie mit Scheu als das bedeutende Bemühen ungewöhnlicher Menschen oder verachtet sie als überflüssiges Grübeln von Träumern. Man hält sie für eine Sache, die jedermann angeht und daher im Grunde einfach und verstehbar sein müsse, oder man hält sie für so schwierig, daß es hoffnungslos sei, sich mit ihr zu beschäftigen. Was unter dem Namen der Philosophie auftritt, liefert in der Tat Beispiele für so entgegengesetzte Beurteilungen.

Für einen wissenschaftsgläubigen Menschen ist das Schlimmste, daß die Philosophie gar keine allgemeingültigen Ergebnisse hat, etwas, das man wissen und damit besitzen kann. Während die Wissenschaften auf ihren Gebieten zwingend gewisse und allgemein anerkannte Erkenntnisse gewonnen haben, hat die Philosophie dies trotz der Bemühungen der Jahrtausende nicht erreicht. Es ist nicht zu leugnen: in der Philosophie gibt es keine Einmütigkeit des endgültig Erkannten. Was aus zwingenden Gründen von jedermann anerkannt wird, das ist damit eine wissenschaftliche Erkenntnis geworden, ist nicht mehr Philosophie, sondern bezieht sich auf ein besonderes Gebiet des Erkennbaren.

Das philosophische Denken hat auch nicht, wie die Wissenschaften, den Charakter eines Fortschrittsprozesses. Wir sind gewiß viel weiter als Hippokrates, der griechische Arzt. Wir dürfen kaum sagen, daß wir weiter seien als Plato. Nur im Material wissenschaftlicher Erkenntnisse, die er benutzt, sind wir weiter. Im Philosophieren selbst sind wir vielleicht noch kaum wieder bei ihm angelangt.

Daß jede Gestalt der Philosophie, unterschieden von den Wissenschaften, der einmütigen Anerkennung aller entbehrt, das muß in der Natur ihrer Sache liegen. Die Art der in ihr zu gewinnenden Gewißheit ist nicht die wissenschaftliche, nämlich die gleiche für jeden Verstand, sondern ist eine Vergewisserung, bei deren Gelingen das ganze Wesen des Menschen mitspricht. Während wissenschaftliche Erkenntnisse auf je einzelne Gegenstände gehen, von denen zu wissen keineswegs für jedermann notwendig ist, handelt es sich in der Philosophie um das Ganze des Seins, das den Menschen als Menschen angeht, um Wahrheit, die, wo sie aufleuchtet, tiefer ergreift als jede wissenschaftliche Erkenntnis.

Ausgearbeitete Philosophie ist zwar an die Wissenschaften gebunden. Sie setzt die Wissenschaften in dem fortgeschrittenen Zustand voraus, den sie in dem jeweiligen Zeitalter erreicht haben. Aber der Sinn der Philosophie hat einen anderen Ursprung. Vor aller Wissenschaft tritt sie auf, wo Menschen wach werden.

Diese *Philosophie ohne Wissenschaft* vergegenwärtigen wir an einigen merkwürdigen Erscheinungen:

Erstens: In philosophischen Dingen hält sich fast jeder für urteilsfähig. Während man anerkennt, daß in den Wissenschaften Lernen, Schulung, Methode Bedingung des Verständnisses sei, erhebt man in bezug auf die Philosophie den Anspruch, ohne weiteres dabei zu sein und mitreden zu können. Das eigene Menschsein, das eigene Schicksal und die eigene Erfahrung gelten als genügende Voraussetzung.

Die Forderung der Zugänglichkeit der Philosophie für jedermann muß anerkannt werden. Die umständlichsten Wege der Philosophie, die die Fachleute der Philosophie gehen, haben doch ihren Sinn nur, wenn sie münden in das Menschsein, das dadurch bestimmt ist, wie es des Seins und seiner selbst darin gewiß wird.

Zweitens: Das philosophische Denken muß jederzeit ursprünglich sein. Jeder Mensch muß es selber vollziehen.

Ein wunderbares Zeichen dafür, daß der Mensch als solcher ursprünglich philosophiert, sind die Fragen der Kinder. Gar nicht selten hört man aus Kindermund, was dem Sinne nach unmittelbar in die Tiefe des Philosophierens geht. Ich erzähle Beispiele:

Ein Kind wundert sich: »Ich versuche immer zu denken, ich sei ein anderer und bin doch immer wieder ich.« Dieser Knabe rührt an einen Ursprung aller Gewißheit, das Seinsbewußtsein im Selbstbewußtsein. Er staunt vor dem Rätsel des Ichseins, diesem aus keinem anderen zu Begreifenden. Er steht fragend vor dieser Grenze.

Ein anderes Kind hört die Schöpfungsgeschichte: Am Anfang

schuf Gott Himmel und Erde ..., und fragt alsbald: »Was war denn vor dem Anfang?« Dieser Knabe erfuhr die Endlosigkeit des Weiterfragens, das Nichthaltmachenkönnen des Verstandes, daß für ihn keine abschließende Antwort möglich ist.

Ein anderes Kind läßt sich bei einem Spaziergang angesichts einer Waldwiese Märchen erzählen von den Elfen, die dort nächtlich ihre Reigen aufführen ... »Aber die gibt es doch gar nicht ...« Man erzählt ihm nun von Realitäten, beobachtet die Bewegung der Sonne, erklärt die Frage, ob sich die Sonne bewege oder die Erde sich drehe, und bringt die Gründe, die für die Kugelgestalt der Erde und ihre Bewegung um sich selbst sprechen ... »Ach, das ist ja gar nicht wahr«, sagt das Mädchen und stampft mit dem Fuß auf den Boden, »die Erde steht doch fest. Ich glaube doch nur, was ich sehe.« Darauf: »Dann glaubst du nicht an den lieben Gott, den kannst du doch auch nicht sehen.« – Das Mädchen stutzt und sagt dann sehr entschieden: »Wenn er nicht wäre, dann wären wir doch gar nicht da.« Dieses Kind wurde ergriffen von dem Erstaunen des Daseins: es ist nicht durch sich selbst. Und es begriff den Unterschied des Fragens: ob es auf einen Gegenstand in der Welt geht oder auf das Sein und unser Dasein im Ganzen.

Ein anderes Mädchen geht zum Besuch eine Treppe hinauf. Es wird ihm gegenwärtig, wie doch alles immer anders wird, dahinfließt, vorbei ist, als ob es nicht gewesen wäre. »Aber es muß doch etwas Festen geben können ... daß ich jetzt hier die Treppe zur Tante hinaufgehe, das will ich behalten.« Das Staunen und Erschrecken über die universale Vergänglichkeit im Hinschwinden sucht sich einen hilflosen Ausweg.

Wer sammeln würde, könnte eine reiche Kinderphilosophie berichten. Der Einwand, die Kinder hätten das vorher von Eltern oder anderen gehört, gilt offenbar gar nicht für die ernsthaften Gedanken. Der Einwand, daß diese Kinder doch nicht weiter philosophieren und daß also solche Äußerungen nur zufällig sein könnten, übersieht eine Tatsache: Kinder besitzen oft eine Genialität, die im Erwachsenwerden verlorengeht. Es ist, als ob wir mit den Jahren in das Gefängnis von Konventionen und Meinungen, der Verdeckungen und Unbefragtheiten eintreten, wobei wir die Unbefangenheit des Kindes verlieren. Das Kind ist noch offen im

Zustand des sich hervorbringenden Lebens, es fühlt und sieht und fragt, was ihm dann bald entschwindet. Es läßt fallen, was einen Augenblick sich ihm offenbarte, und ist überrascht, wenn die aufzeichnenden Erwachsenen ihm später berichten, was es gesagt und gefragt habe.

Drittens: Ursprüngliches Philosophieren zeigt sich wie bei Kindern so bei Geisteskranken. Es ist zuweilen – selten –, als ob die Fesseln der allgemeinen Verschleierungen sich lösten und ergreifende Wahrheit spräche. Im Beginn mancher Geisteskrankheiten erfolgen metaphysische Offenbarungen erschütternder Art, die zwar durchweg in Form und Sprache nicht von dem Range sind, daß ihre Kundgabe eine objektive Bedeutung gewönne, außer in Fällen wie dem Dichter Hölderlin oder dem Maler van Gogh. Aber wer dabei ist, kann sich dem Eindruck nicht entziehen, daß hier eine Decke reißt, unter der wir gemeinhin unser Leben führen. Manchem Gesunden ist auch bekannt die Erfahrung unheimlich tiefer Bedeutungen im Erwachen aus dem Schlafe, die sich bei vollem Wachsein wieder verlieren und nur fühlbar machen, daß wir nun nicht mehr hindurchdringen. Es ist ein tiefer Sinn in dem Satz: Kinder und Narren sagen die Wahrheit. Aber die schaffende Ursprünglichkeit, der wir die großen philosophischen Gedanken schulden, liegt doch nicht hier, sondern bei Einzelnen, die in ihrer Unbefangenheit und Unabhängigkeit als wenige große Geister in den Jahrtausenden aufgetreten sind.

Viertens: Da die Philosophie für den Menschen unumgänglich ist, ist sie jederzeit da in einer Öffentlichkeit, in überlieferten Sprichwörtern, in geläufigen philosophischen Redewendungen, in herrschenden Überzeugungen, wie etwa in der Sprache der Aufgeklärtheit, der politischen Glaubensanschauungen, vor allem aber vom Beginn der Geschichte an in Mythen. Der Philosophie ist nicht zu entrinnen. Es fragt sich nur, ob sie bewußt wird oder nicht, ob sie gut oder schlecht, verworren oder klar wird. Wer die Philosophie ablehnt, vollzieht selber eine Philosophie, ohne sich dessen bewußt zu sein.

Was ist nun die Philosophie, die so universell und in so sonderbaren Gestalten sich kundgibt?

Das griechische Wort Philosoph (philosophos) ist gebildet im Gegensatz zum Sophos. Es heißt: der die Erkenntnis (das Wesen) Liebende im Unterschied von dem, der im Besitze der Erkenntnis sich einen Wissenden nannte. Dieser Sinn des Wortes besteht bis heute: das Suchen der Wahrheit, nicht der Besitz der Wahrheit ist das Wesen der Philosophie, mag sie es noch so oft verraten im Dogmatismus, daß heißt in einem in Sätzen ausgesprochenen, endgültigen, vollständigen und lehrhaften Wissen. Philosophie heißt: auf dem Wege sein. Ihre Fragen sind wesentlicher als ihre Antworten, und jede Antwort wird zur neuen Frage.

Aber dieses Auf-dem-Wege-Sein – das Schicksal des Menschen in der Zeit – birgt in sich die Möglichkeit tiefer Befriedigung, ja in hohen Augenblicken einer Vollendung. Diese liegt nie in einem aussagbaren Gewußtsein, nicht in Sätzen und Bekenntnissen, sondern in der geschichtlichen Verwirklichung des Menschseins, dem das Sein selbst aufgeht. Diese Wirklichkeit in der Situation zu gewinnen, in der jeweils ein Mensch steht, ist der Sinn des Philosophierens.

Suchend auf dem Wege sein, oder: Ruhe und Vollendung des Augenblicks finden – das sind keine Definitionen der Philosophie. Philosophie hat nichts Übergeordnetes, nichts Nebengeordnetes. Sie ist nicht aus einem andern abzuleiten. Jede Philosophie definiert sich selbst durch ihre Verwirklichung. Was Philosophie sei, das muß man versuchen. Dann ist Philosophie in eins der Vollzug des lebendigen Gedankens und die Besinnung auf diese Gedanken (die Reflexion) oder das Tun und das Darüberreden. Aus dem eigenen Versuch heraus erst kann man wahrnehmen, was in der Welt als Philosophie uns begegnet.

Aber wir können weitere Formeln vom Sinn der Philosophie aussprechen. Keine Formel erschöpft diesen Sinn, und keine erweist sich als die einzige. Wir hören aus dem Altertum: Philosophie sei (je nach ihrem Gegenstand) Erkenntnis der göttlichen und menschlichen Dinge, Erkenntnis des Seienden als Seienden, sei weiter (ihrem Ziel nach) Sterbenlernen, sei das denkende Erstreben der Glückseligkeit, Anähnlichung an das Göttliche, sei schließlich (ihrem umgreifenden Sinne nach) das Wissen alles Wissens, die Kunst aller Künste, die Wissenschaft überhaupt, die nicht auf ein einzelnes Gebiet gerichtet sei.

Heute läßt sich von der Philosophie vielleicht in folgenden Formeln sprechen; ihr Sinn sei:

die Wirklichkeit im Ursprung erblicken –

die Wirklichkeit ergreifen durch die Weise, wie ich denkend mit mir selbst umgehe, im inneren Handeln –

uns aufschließen für die Weite des Umgreifenden –

Kommunikation von Mensch zu Mensch durch jeden Sinn von Wahrheit in liebendem Kampfe wagen –

Vernunft noch vor dem Fremdesten und vor dem Versagenden geduldig und unablässig wach erhalten.

Philosophie ist das Konzentrierende, wodurch der Mensch er selbst wird, indem er der Wirklichkeit teilhaftig wird.

Obgleich Philosophie jeden Menschen, ja das Kind in Gestalt einfacher und wirksamer Gedanken bewegen kann, ist ihre bewußte Ausarbeitung eine nie vollendete und jederzeit sich wiederholende, stets als ein gegenwärtiges Ganzes sich vollziehende Aufgabe – sie erscheint in den Werken der großen Philosophen und als Echo bei den kleineren. Das Bewußtsein dieser Aufgabe wird, in welcher Gestalt auch immer, wach sein, solange Menschen Menschen bleiben.

Nicht erst heute wird Philosophie radikal angegriffen und im Ganzen verneint als überflüssig und schädlich. Wozu sei sie da? Sie halte nicht stand in der Not.

Kirchlich autoritäre Denkart hat die selbständige Philosophie verworfen, weil sie von Gott entferne, zur Weltlichkeit verführe, mit Nichtigem die Seele verderbe. Die politisch-totalitäre Denkart erhob den Vorwurf: die Philosophen hätten die Welt nur verschieden interpretiert, es komme aber darauf an, sie zu verändern. Beiden Denkarten galt Philosophie als gefährlich, denn sie zersetze die Ordnung, sie fördere den Geist der Unabhängigkeit, damit der Empörung und Auflehnung, sie täusche und lenke den Menschen ab von seiner realen Aufgabe. Die Zugkraft eines uns vom offenbarten Gott erleuchteten Jenseits oder die alles für sich fordernde Macht eines gottlosen Diesseits, beide möchten die Philosophie zum Erlöschen bringen.

Dazu kommt vom Alltag des gesunden Menschenverstandes her der einfache Maßstab der Nützlichkeit, an dem die Philosophie versagt. Thales, der für den frühesten der griechischen Philosophen gilt, wurde schon von der Magd verlacht, die ihn bei Beobachtung des Sternenhimmels in den Brunnen fallen sah. Warum suchte er das Fernste, wenn er im Nächsten so ungeschickt ist!

Die Philosophie soll sich also rechtfertigen. Das ist unmöglich. Sie kann sich nicht rechtfertigen aus einem anderen, für das sie infolge ihrer Brauchbarkeit Berechtigung habe. Sie kann sich nur wenden an die Kräfte, die in jedem Menschen in der Tat zum Philosophieren drängen. Sie kann wissen, daß sie eine zweckfreie, jeder Frage nach Nutzen und Schaden in der Welt enthobene Sache des Menschen als solchen betreibt, und daß sie sich verwirklichen wird, solange Menschen leben. Noch die ihr feindlichen Mächte können nicht umhin, den ihnen selbst eigenen Sinn zu denken und dann zweckgebundene Denkgebilde hervorzubringen, die ein Ersatz der Philosophie sind, aber unter den Bedingungen einer gewollten Wirkung stehen – wie der Marxismus, der Faszismus. Auch diese Denkgebilde bezeigen noch die Unausweichlichkeit der Philosophie für den Menschen. Die Philosophie ist immer da.

Nicht kämpfen kann sie, nicht sich beweisen, aber sich mitteilen. Sie leistet keinen Widerstand, wo sie verworfen wird, sie triumphiert nicht, wo sie gehört wird. Sie lebt in der Einmütigkeit, die im Grunde der Menschheit alle mit allen verbinden kann.

Philosophie in großem Stil und im systematischen Zusammenhang gibt es seit zweieinhalb Jahrtausenden im Abendland, in China und Indien. Eine große Überlieferung spricht uns an. Die Vielfachheit des Philosophierens, die Widersprüche und die sich gegenseitig ausschließenden Wahrheitsansprüche können nicht verhindern, daß im Grunde ein Eines wirkt, das niemand besitzt und um das jederzeit alle ernsten Bemühungen kreisen: die ewige eine Philosophie, die philosophia perennis. Auf diesen geschichtlichen Grund unseres Denkens sind wir angewiesen, wenn wir mit hellstem Bewußtsein und wesentlich denken wollen.

2. Ursprünge der Philosophie

Die Geschichte der Philosophie als methodisches Denken hat ihre Anfänge vor zweieinhalb Jahrtausenden, als mythisches Denken aber viel früher.

Doch Anfang ist etwas anderes als Ursprung. Der Anfang ist historisch und bringt für die Nachfolgenden eine wachsende Menge von Voraussetzungen durch die nun schon geleistete Denkarbeit. Ursprung aber ist jederzeit die Quelle, aus der der Antrieb zum Philosophieren kommt. Durch ihn erst wird die je gegenwärtige Philosophie wesentlich, die frühere Philosophie verstanden.

Dieses Ursprüngliche ist vielfach. Aus dem *Staunen* folgt die Frage und die Erkenntnis, aus dem *Zweifel* am Erkannten die kritische Prüfung und die klare Gewißheit, aus der *Erschütterung des Menschen* und dem Bewußtsein seiner Verlorenheit die Frage nach sich selbst. Vergegenwärtigen wir uns zunächst diese drei Motive.

Erstens: Plato sagte, der Ursprung der Philosophie sei das *Erstaunen.* Unser Auge hat uns »des Anblicks der Sterne, der Sonne und des Himmelsgewölbes teilhaftig werden lassen«. Dieser Anblick hat uns »den Trieb zur Untersuchung des Alls gegeben. Daraus ist uns die Philosophie erwachsen, das größte Gut, das dem sterblichen Geschlecht von den Göttern verliehen ward«. Und Aristoteles: »Denn die Verwunderung ist es, was die Menschen zum Philosophieren trieb: sie wunderten sich zuerst über das ihnen aufstoßende Befremdliche, gingen dann allmählich weiter und fragten nach den Wandlungen des Monds, der Sonne, der Gestirne und der Entstehung des Alls.«

Sich wundern drängt zur Erkenntnis. Im Wundern werde ich mir des Nichtwissens bewußt. Ich suche das Wissen, aber um des Wissens selber willen, nicht »zu irgendeinem gemeinen Bedarf«.

Das Philosophieren ist wie ein Erwachen aus der Gebundenheit an die Lebensnotdurft. Das Erwachen vollzieht sich im zweckfreien Blick auf die Dinge, den Himmel und die Welt, in den Fragen: was das alles und woher das alles sei – Fragen, deren Antwort keinem Nutzen dienen soll, sondern an sich Befriedigung gewährt.

Zweitens: Habe ich Befriedigung meines Staunens und Bewunderns in der Erkenntnis des Seienden gefunden, so meldet sich bald der *Zweifel.* Zwar häufen sich die Erkenntnisse, aber bei kritischer Prüfung ist nichts gewiß. Die Sinneswahrnehmungen sind durch unsere Sinnesorgane bedingt und täuschend, jedenfalls nicht übereinstimmend mit dem, was außer mir unabhängig vom Wahrgenommenwerden an sich ist. Unsere Denkformen sind die unseres menschlichen Verstandes. Sie verwickeln sich in unlösbare Widersprüche. Überall stehen Behauptungen gegen Behauptungen. Philosophierend ergreife ich den Zweifel, versuche ihn radikal durchzuführen, nun aber entweder mit der Lust an der Verneinung durch den Zweifel, der nichts mehr gelten läßt, aber auch seinerseits keinen Schritt voran tun kann – oder mit der Frage: wo denn Gewißheit sei, die allem Zweifel sich entziehe und bei Redlichkeit jeder Kritik standhalte.

Der berühmte Satz des Descartes »Ich denke, also bin ich« war ihm unbezweifelbar gewiß, wenn er an allem anderen zweifelte. Denn selbst die vollkommene Täuschung in meinem Erkennen, die ich vielleicht nicht durchschaue, kann mich nicht auch darüber täuschen, daß ich doch bin, wenn ich in meinem Denken getäuscht werde.

Der Zweifel wird als methodischer Zweifel die Quelle kritischer Prüfung jeder Erkenntnis. Daher: ohne radikalen Zweifel kein wahrhaftiges Philosophieren. Aber entscheidend ist, wie und wo durch den Zweifel selbst der Boden der Gewißheit gewonnen wird.

Und nun *drittens*: Hingegeben an die Erkenntnis der Gegenstände in der Welt, im Vollzug des Zweifels als des Weges zur Gewißheit bin ich bei den Sachen, denke ich nicht an mich, nicht an meine Zwecke, mein Glück, mein Heil. Vielmehr bin ich selbstvergessen befriedigt im Vollzug jener Erkenntnisse.

Das wird anders, wenn ich meiner selbst in meiner Situation mir bewußt werde.

Der Stoiker Epiktet sagte: »Der Ursprung der Philosophie ist das *Gewahrwerden der eigenen Schwäche und Ohnmacht.*« Wie helfe ich mir in der Ohnmacht? Seine Antwort lautete: indem ich alles, was nicht in meiner Macht steht, als für mich gleichgültig betrachte in seiner Notwendigkeit, dagegen, was an mir liegt, nämlich die Weise und den Inhalt meiner Vorstellungen, durch Denken zur Klarheit und Freiheit bringe.

Vergewissern wir uns unserer menschlichen Lage. Wir sind immer in Situationen. Die Situationen wandeln sich, Gelegenheiten treten auf. Wenn sie versäumt werden, kehren sie nicht wieder. Ich kann selber an der Veränderung der Situation arbeiten. Aber es gibt Situationen, die in ihrem Wesen bleiben, auch wenn ihre augenblickliche Erscheinung anders wird und ihre überwältigende Macht sich in Schleier hüllt: ich muß sterben, ich muß leiden, ich muß kämpfen, ich bin dem Zufall unterworfen, ich verstricke mich unausweichlich in Schuld. Diese Grundsituationen unseres Daseins nennen wir *Grenzsituationen.* Das heißt, es sind Situationen, über die wir nicht hinaus können, die wir nicht ändern können. Das Bewußtwerden dieser Grenzsituationen ist nach dem Staunen und dem Zweifel der tiefere Ursprung der Philosophie. Im bloßen Dasein weichen wir oft vor ihnen aus, indem wir die Augen schließen und leben, als ob sie nicht wären. Wir vergessen, daß wir sterben müssen, vergessen unser Schuldigsein und unser Preisgegebensein an den Zufall. Wir haben es dann nur mit den konkreten Situationen zu tun, die wir meistern zu unseren Gunsten, und auf die wir reagieren durch Plan und Handeln in der Welt, getrieben von unseren Daseinsinteressen. Auf Grenzsituationen aber reagieren wir entweder durch Verschleierung oder, wenn wir sie wirklich erfassen, durch Verzweiflung und durch Wiederherstellung: wir werden wir selbst in einer Verwandlung unseres Seinsbewußtseins.

Machen wir uns unsere menschliche Lage auf andere Weise deutlich als die *Unzuverlässigkeit allen Weltseins.*

Die Fraglosigkeit in uns nimmt die Welt als das Sein schlechthin. In glücklicher Lage jubeln wir aus unserer Kraft, haben gedankenloses Zutrauen, kennen nichts anderes als unsere Gegenwärtigkeit. Im Schmerz, in der Kraftlosigkeit, in der Ohnmacht verzweifeln wir. Und wenn es überstanden ist und wir noch leben, so lassen wir uns wieder selbstvergessen hineingleiten in das Leben des Glücks.

Aber der Mensch ist durch solche Erfahrungen klug geworden.

Die Bedrohung drängt ihn, sich zu sichern. Naturbeherrschung und menschliche Gemeinschaft sollen das Dasein garantieren.

Der Mensch bemächtigt sich der Natur, um ihren Dienst sich verfügbar zu machen; Natur soll durch Erkenntnis und Technik verläßlich werden.

Doch in der Beherrschung der Natur bleibt die Unberechenbarkeit und damit die ständige Bedrohung, und dann das Scheitern im ganzen: die schwere mühsame Arbeit, Alter, Krankheit und Tod sind nicht abzuschaffen. Alles Verläßlichwerden beherrschter Natur ist nur ein Besonderes im Rahmen der totalen Unverläßlichkeit.

Und der Mensch vereinigt sich zur Gemeinschaft, um den endlosen Kampf aller gegen alle einzuschränken und am Ende auszuschalten; in gegenseitiger Hilfe will er Sicherheit gewinnen.

Aber auch hier bleibt die Grenze. Nur wo Staaten in einem Zustand wären, daß jeder Bürger so zum anderen steht, wie es die absolute Solidarität fordert, da könnten Gerechtigkeit und Freiheit im Ganzen sicher sein. Denn nur dann stehen, wenn einem Unrecht geschieht, die anderen wie ein Mann dagegen. Das war niemals so. Immer ist es ein begrenzter Kreis von Menschen, oder es sind nur einzelne, die füreinander im Äußersten, auch in der Ohnmacht, wirklich da bleiben. Kein Staat, keine Kirche, keine Gesellschaft schützt absolut. Solcher Schutz war die schöne Täuschung ruhiger Zeiten, in denen die Grenze verschleiert blieb.

Gegen die gesamte Unverläßlichkeit der Welt aber steht doch das andere: In der Welt gibt es das Glaubwürdige, das Vertrauenerweckende, gibt es den tragenden Grund: Heimat und Landschaft – Eltern und Vorfahren – Geschwister und Freunde – die Gattin. Es gibt den geschichtlichen Grund der Überlieferung in der eigenen Sprache, im Glauben, im Werk der Denker, der Dichter und Künstler. Aber auch diese gesamte Überlieferung gibt keine Geborgenheit, auch sie keine absolute Verläßlichkeit. Denn als was sie an uns herantritt, ist alles Menschenwerk, nirgends ist Gott in der Welt. Die Überlieferung bleibt immer zugleich Frage. Jederzeit muß der Mensch im Blick auf sie aus eigenem Ursprung finden, was ihm Gewißheit, Sein, Verläßlichkeit ist. Aber in der Unverläßlichkeit allen Weltseins ist der Zeiger aufgerichtet. Er verbietet, in der Welt Genüge zu finden; er weist auf ein anderes.

Die Grenzsituationen – Tod, Zufall, Schuld und die Unzuverlässigkeit der Welt – zeigen mir das Scheitern. Was tue ich angesichts dieses absoluten Scheiterns, dessen Einsicht ich mich bei redlicher Vergegenwärtigung nicht entziehen kann?

Der Rat des Stoikers, sich auf die eigene Freiheit in der Unabhängigkeit des Denkens zurückzuziehen, tut uns nicht genug. Der Stoiker irrte, indem er die Ohnmacht des Menschen nicht radikal genug sah. Er verkannte die Abhängigkeit auch des Denkens, das an sich leer ist, angewiesen auf das, was ihm gegeben wird, und die Möglichkeit des Wahnsinns. Der Stoiker läßt uns trostlos in der bloßen Unabhängigkeit des Denkens, weil diesem Denken aller Gehalt fehlt. Er läßt uns hoffnungslos, weil jeder Versuch einer Spontaneität innerer Überwindungen, weil jede Erfüllung durch ein Sichgeschenktwerden in der Liebe und weil die hoffende Erwartung des Möglichen ausbleibt.

Aber was der Stoiker will, ist echte Philosophie. Der Ursprung in den Grenzsituationen bringt den Grundantrieb, im Scheitern den Weg zum Sein zu gewinnen.

Es ist entscheidend für den Menschen, wie er das Scheitern erfährt: ob es ihm verborgen bleibt und ihn nur faktisch am Ende überwältigt, oder ob er es unverschleiert zu sehen vermag und als ständige Grenze seines Daseins gegenwärtig hat; ob er phantastische Lösungen und Beruhigungen ergreift, oder ob er redlich hinnimmt im Schweigen vor dem Undeutbaren. Wie er sein Scheitern erfährt, das begründet, wozu der Mensch wird.

In den Grenzsituationen zeigt sich entweder das Nichts, oder es wird fühlbar, was trotz und über allem verschwindenden Weltsein eigentlich ist. Selbst die Verzweiflung wird durch ihre Tatsächlichkeit, daß sie in der Welt möglich ist, ein Zeiger über die Welt hinaus.

Anders gesagt: der Mensch sucht Erlösung. Erlösung wird geboten durch die großen, universalen Erlösungsreligionen. Ihr Kennzeichen ist eine objektive Garantie für die Wahrheit und Wirklichkeit der Erlösung. Ihr Weg führt zum Akt der Bekehrung des Einzelnen. Dies vermag Philosophie nicht zu geben. Und doch ist alles Philosophieren ein Weltüberwinden, ein Analogon der Erlösung.

Fassen wir zusammen: Der Ursprung des Philosophierens liegt im Verwundern, im Zweifel, im Bewußtsein von Verlorenheit. In jedem Falle beginnt es mit einer den Menschen ergreifenden Erschütterung, und immer sucht es aus der Betroffenheit heraus ein Ziel.

Plato und Aristoteles suchten aus der Verwunderung das Wesen des Seins.

Descartes suchte in der Endlosigkeit des Ungewissen das zwingend Gewisse.

Die Stoiker suchten in den Leiden des Daseins die Ruhe der Seele.

Jede der Betroffenheiten hat ihre Wahrheit, je in dem geschichtlichen Kleid ihrer Vorstellungen und ihrer Sprache. Wir dringen in geschichtlicher Aneignung durch sie zu den Ursprüngen, die noch in uns gegenwärtig sind.

Der Drang geht zum verläßlichen Boden, zur Tiefe des Seins, zur Verewigung.

Aber vielleicht ist keiner dieser Ursprünge der auch für uns ursprünglichste, bedingungslose. Die Offenbarkeit des Seins für die Verwunderung läßt uns Atem holen, aber verführt uns, uns den Menschen zu entziehen und einer reinen, zauberhaften Metaphysik zu verfallen. Die zwingende Gewißheit hat ihren Bereich nur in der Weltorientierung durch wissenschaftliches Wissen. Die unerschütterliche Haltung der Seele im Stoizismus gilt uns nur als Übergang in der Not, als Rettung vor dem völligen Verfall, aber sie selbst bleibt ohne Gehalt und Leben.

Die drei wirksamen Motive – der Verwunderung und des Erkennens, des Zweifels und der Gewißheit, der Verlorenheit und des Selbstwerdens – erschöpfen nicht, was uns im gegenwärtigen Philosophieren bewegt.

In diesem Zeitalter des radikalsten Einschnitts der Geschichte, von unerhörtem Zerfall und nur dunkel geahnten Chancen, sind die bisher vergegenwärtigten drei Motive zwar gültig, aber nicht ausreichend. Sie werden unter eine Bedingung gestellt, die der *Kommunikation* zwischen Menschen.

In der Geschichte bis heute war eine selbstverständliche Verbundenheit von Mensch zu Mensch in verläßlichen Gemeinschaften, in

Institutionen und im allgemeinen Geist. Noch der Einsame war in seiner Einsamkeit gleichsam getragen. Heute ist der Zerfall am fühlbarsten darin, daß immer mehr Menschen sich nicht verstehen, sich begegnen und auseinanderlaufen, gleichgültig gegeneinander, daß keine Treue und Gemeinschaft mehr fraglos und verläßlich ist.

Jetzt wird uns die allgemeine Situation, die faktisch immer war, entscheidend wichtig: Daß ich mit dem anderen in der Wahrheit einig werden kann und es nicht kann; daß mein Glaube, gerade wenn ich mir gewiß bin, auf anderen Glauben stößt; daß irgendwo an der Grenze immer nur der Kampf ohne Hoffnung auf Einheit zu bleiben scheint, mit dem Ausgang von Unterwerfung oder Vernichtung; daß Weichheit und Widerstandslosigkeit die Glaubenslosen sich entweder blind anschließen oder eigensinnig trotzen läßt – alles das ist nicht beiläufig und unwesentlich.

Das könnte es sein, wenn es für mich in der Isolierung eine Wahrheit gäbe, an der ich genug hätte. Jenes Leiden an mangelnder Kommunikation und jene einzigartige Befriedigung in echter Kommunikation machte uns philosophisch nicht so betroffen, wenn ich für mich selbst in absoluter Einsamkeit der Wahrheit gewiß wäre. Aber ich bin nur mit dem andern, allein bin ich nichts.

Kommunikation nicht bloß von Verstand zu Verstand, von Geist zu Geist, sondern von Existenz zu Existenz hat alle unpersönlichen Gehalte und Geltungen nur als ein Medium. Rechtfertigen und Angreifen sind dann Mittel, nicht um Macht zu gewinnen, sondern um sich nahe zu kommen. Der Kampf ist ein liebender Kampf, in dem jeder dem anderen alle Waffen ausliefert. Gewißheit eigentlichen Seins ist allein in jener Kommunikation, in der Freiheit mit Freiheit in rückhaltlosem Gegeneinander durch Miteinander steht, alles Umgehen mit dem anderen nur Vorstufe ist, im Entscheidenden aber gegenseitig alles zugemutet, an den Wurzeln gefragt wird. Erst in der Kommunikation verwirklicht sich alle andere Wahrheit, in ihr allein bin ich ich selbst, lebe ich nicht bloß, sondern erfülle das Leben. Gott zeigt sich nur indirekt und nicht ohne Liebe von Mensch zu Mensch; die zwingende Gewißheit ist partikular und relativ, dem Ganzen untergeordnet; der Stoizismus wird zur leeren und starren Haltung.

Die philosophische Grundhaltung, deren gedanklichen Ausdruck ich Ihnen vortrage, wurzelt in der Betroffenheit vom Ausbleiben der Kommunikation, in dem Drang zu echter Kommunikation und in der Möglichkeit liebenden Kampfes, der Selbstsein mit Selbstsein in der Tiefe verbindet.

Und dieses Philosophieren wurzelt zugleich in jenen drei philosophischen Betroffenheiten, die alle unter die Bedingung gestellt werden, was sie bedeuten, sei es als Helfer oder sei es als Feinde, für die Kommunikation von Mensch zu Mensch.

So gilt: der Ursprung der Philosophie liegt zwar im Sichverwundern, im Zweifel, in der Erfahrung der Grenzsituationen, aber zuletzt, dieses alles in sich schließend, in dem Willen zur eigentlichen Kommunikation. Das zeigt sich von Anfang an schon darin, daß alle Philosophie zur Mitteilung drängt, sich ausspricht, gehört werden möchte, daß ihr Wesen die Mitteilbarkeit selbst und diese unablösbar vom Wahrsein ist.

Erst in der Kommunikation wird der Zweck der Philosophie erreicht, in dem der Sinn aller Zwecke zuletzt gegründet ist: das Innewerden des Seins, die Erhellung der Liebe, die Vollendung der Ruhe.

3. Das Umgreifende

Heute möchte ich Ihnen einen philosophischen Grundgedanken vortragen, der einer der schwierigsten ist. Er ist unerläßlich, weil er den Sinn eigentlich philosophischen Denkens begründet. Er muß auch in einfachster Form verständlich sein, obgleich seine Ausarbeitung ein verwickeltes Geschäft ist. Ich versuche es, ihn anzudeuten.

Philosophie begann mit der Frage: Was ist? – es gibt zunächst vielerlei Seiendes, die Dinge in der Welt, die Gestalten des Leblosen und des Lebendigen, endlos vieles, alles kommend und gehend. Was ist aber das eigentliche Sein, das heißt das Sein, das alles zusammenhält, allem zugrunde liegt, aus dem alles, was ist, hervorgeht?

Die Antwort darauf ist sonderbar vielfältig. Ehrwürdig, die älteste Antwort des ältesten Philosophen, ist die des Thales: alles ist Wasser, ist aus dem Wasser. In der Folge hieß es statt dessen, alles sei im Grunde Feuer oder Luft oder das Unbestimmte oder die Materie oder die Atome oder: das Leben, das erste Sein sei, woraus alles Leblose nur Abfall bedeute, oder: der Geist, für den die Dinge Erscheinungen sind, seine Vorstellungen, durch ihn gleichsam als ein Traum hervorgebracht. Man sieht so eine große Reihe von Weltanschauungen, die man mit dem Namen Materialismus (alles ist Stoff und naturmechanisches Geschehen), Spiritualismus (alles ist Geist), Hylozoismus (das All ist eine seelisch lebendige Materie) und unter anderen Gesichtspunkten benannt hat. In allen Fällen wurde die Antwort auf die Frage, was eigentlich das Sein sei, gegeben durch Hinweis auf ein in der Welt vorkommendes Seiendes, das den besonderen Charakter haben sollte, aus ihm sei alles andere.

Aber was ist denn richtig? Die Begründungen im Kampfe der Schulen haben in Jahrtausenden nicht vermocht, einen dieser Standpunkte als den wahren zu erweisen. Für jeden zeigt sich etwas Wahres, nämlich eine Anschauung und eine Forschungsweise, die in der Welt etwas zu sehen lehrt. Aber jeder wird falsch, wenn er sich zum einzigen macht und alles, was ist, durch seine Grundauffassung erklären will.

Woran liegt das? Allen diesen Anschauungen ist eines gemeinsam: sie erfassen das Sein als etwas, das mir als Gegenstand gegenübersteht, auf das ich als auf ein mir gegenüberstehendes Objekt, es meinend, gerichtet bin. Dieses Urphänomen unseres bewußten Daseins ist uns so selbstverständlich, daß wir sein Rätsel kaum spüren, weil wir es gar nicht befragen. Das, was wir denken, von dem wir sprechen, ist stets ein anderes als wir, ist das, worauf wir, die Subjekte, als auf ein Gegenüberstehendes, die Objekte, gerichtet sind. Wenn wir uns selbst zum Gegenstand unseres Denkens machen, werden wir selbst gleichsam zum anderen und sind immer zugleich als ein denkendes Ich wieder da, das dieses Denken seiner selbst vollzieht, aber doch selbst nicht angemessen als Objekt gedacht werden kann, weil es immer wieder die Voraussetzung jedes Objektgewordenseins ist. Wir nennen diesen Grundbefund unseres denkenden Daseins die Subjekt-Objekt-Spaltung. Ständig sind wir in ihr, wenn wir wachen und bewußt sind. Wir können uns denkend drehen und wenden, wie wir wollen, immer sind wir in dieser Spaltung auf Gegenständliches gerichtet, sei der Gegenstand die Realität unserer Sinneswahrnehmung, sei es der Gedanke idealer Gegenstände, etwa Zahlen und Figuren, sei es ein Phantasieinhalt oder gar die Imagination eines Unmöglichen. Immer sind Gegenstände als Inhalt unseres Bewußtseins äußerlich oder innerlich uns gegenüber. Es gibt – mit Schopenhauers Ausdruck – kein Objekt ohne Subjekt und kein Subjekt ohne Objekt.

Was hat dieses jeden Augenblick gegenwärtige Geheimnis der Subjekt-Objekt-Spaltung zu bedeuten? Offenbar doch, daß das Sein im Ganzen weder Objekt noch Subjekt sein kann, sondern das *»Umgreifende«* sein muß, das in dieser Spaltung zur Erscheinung kommt.

Das Sein schlechthin kann nun offenbar nicht ein Gegenstand (Objekt) sein. Alles, was mir Gegenstand wird, tritt aus dem Umgreifenden an mich heran, und ich als Subjekt aus ihm heraus. Der Gegenstand ist ein bestimmtes Sein für das Ich. Das Umgreifende bleibt für mein Bewußtsein dunkel. Es wird hell nur durch die Gegenstände und um so heller, je bewußter und klarer die Gegenstände werden. Das Umgreifende wird nicht selbst zum Gegenstand, aber kommt in der Spaltung von Ich und Gegenstand zur

Erscheinung. Es selbst bleibt Hintergrund, aus ihm grenzenlos in der Erscheinung sich erhellend, aber es bleibt immer das Umgreifende.

Nun liegt in allem Denken eine zweite Spaltung. Jeder Gegenstand als bestimmter steht, wenn klar gedacht, immer in bezug auf andere Gegenstände. Die Bestimmtheit bedeutet Unterscheidung des einen vom anderen. Noch wenn ich das Sein überhaupt denke, denke ich als Gegensatz das Nichts.

Also steht jeder Gegenstand, jeder gedachte Inhalt, jedes Objekt in der doppelten Spaltung. Er steht erstens in bezug auf mich, das denkende Subjekt, und zweitens in bezug auf andere Gegenstände. Er kann als gedachter Inhalt niemals alles sein, nie das Ganze des Seins, nie das Sein selbst. Jedes Gedachtsein bedeutet Herausgefallensein aus dem Umgreifenden. Es ist ein je Besonderes, das gegenübersteht sowohl dem Ich wie den anderen Gegenständen.

Das Umgreifende ist also das, was sich im Gedachtsein immer nur ankündigt. Es ist das, was nicht selbst, sondern worin alles andere uns vorkommt.

Was bedeutet solche Vergewisserung?

Der Gedanke ist, gemessen an unserem gewohnten Verstand im Verhältnis zu den Dingen, unnatürlich. Unser auf das Praktische in der Welt gerichteter Verstand sträubt sich.

Die Grundoperation, mit der wir uns denkend über alles Gedachte hinausschwingen, ist vielleicht nicht schwierig, aber doch so fremdartig, weil sie nicht die Erkenntnis eines neuen Gegenstandes bedeutet, der dann faßlich wird, sondern mit Hilfe des Gedankens eine Verwandlung unseres Seinsbewußtseins bewirken möchte.

Weil der Gedanke uns keinen neuen Gegenstand zeigt, ist er im Sinne des uns gewohnten Weltwissens leer. Aber durch seine Form öffnet er die unendlichen Möglichkeiten der Erscheinung des Seienden für uns, und läßt er zugleich alles Seiende transparent werden. Er verwandelt den Sinn der Gegenständlichkeit für uns, indem er in uns die Fähigkeit erweckt, in Erscheinungen hören zu können, was eigentlich ist.

Versuchen wir noch einen Schritt zur Erhellung des Umgreifenden.

Vom Umgreifenden philosophieren, das würde bedeuten, einzudringen in das Sein selbst. Dies kann nur indirekt geschehen. Denn indem wir sprechen, denken wir in Gegenständen. Wir müssen durch gegenständliches Denken die Zeiger auf das Ungegenständliche des Umgreifenden gewinnen.

Ein Beispiel ist das, was wir eben denkend vollzogen haben: Die Subjekt-Objekt-Spaltung, in der wir immer darin sind, die wir nicht von außen zu sehen vermögen, machen wir, indem wir sie aussprechen, zum Gegenstand, aber unangemessen. Denn Spaltung ist ein Verhältnis von Dingen in der Welt, die mir als Objekte gegenüberstehen. Dieses Verhältnis wird ein Bild, um auszudrücken, was gar nicht sichtbar, niemals selber gegenständlich ist.

Diese Subjekt-Objekt-Spaltung vergewissern wir uns, bildhaft weiter denkend aus dem, was uns ursprünglich gegenwärtig ist, als ihrerseits von mehrfachem Sinn. Sie ist ursprünglich verschieden, ob ich als Verstand auf Gegenstände, als lebendiges Dasein auf meine Umwelt, als Existenz auf Gott gerichtet bin.

Als Verstand stehen wir faßbaren Dingen gegenüber und haben von ihnen, soweit es gelingt, zwingend allgemeingültige Erkenntnis, je von bestimmten Gegenständen.

Als daseiende Lebewesen in unserer Umwelt sind wir in ihr betroffen von dem, was sinnlich anschaulich erfahren, im Erleben wirklich wird als das Gegenwärtige, das in kein allgemeines Wissen aufgeht.

Als Existenz sind wir auf Gott – die Transzendenz – bezogen und dies durch die Sprache der Dinge, die sie zu Chiffern oder Symbolen werden läßt. Weder unser Verstand noch unsere vitale Sinnlichkeit erfaßt die Wirlichkeit dieses Chiffreseins. Gottes Gegenstandsein ist eine Wirklichkeit nur für uns als Existenz und liegt in durchaus anderer Dimension als empirisch reale, zwingend denkbare, sinnlich affizierende Gegenstände.

So gliedert sich das Umgreifende, wenn wir uns seiner vergewissern wollen, alsbald in mehrere Weisen des Umgreifendseins, und so geschah die Gliederung eben am Leitfaden der drei Weisen von Subjekt-Objekt-Spaltung in erstens den Verstand als Bewußtsein überhaupt, als das wir alle identisch sind, zweitens des lebendigen

Daseins, als das wir jeder eine besondere Individualität sind, drittens die Existenz, als die wir eigentlich wir selbst in unserer Geschichtlichkeit sind.

Die Ausarbeitung solcher Vergewisserung kann ich nicht in Kürze berichten. Es muß genügen, zu sagen, daß das Umgreifende, gedacht als das Sein selbst, Transzendenz (Gott) und die Welt genannt wird, als das, was wir selber sind: Dasein, Bewußtsein überhaupt, Geist und Existenz.

Haben wir mit unserer philosophischen Grundoperation die Fesseln gelöst, die uns am Objekte als an das vermeintliche Sein selbst binden, so verstehen wir den Sinn der *Mystik.* Seit Jahrtausenden haben Philosophen in China, Indien und dem Abendlande etwas ausgesprochen, was überall und durch alle Zeiten gleich, wenn auch in der Mitteilungsweise mannigfach ist: Der Mensch vermag die Subjekt-Objekt-Spaltung zu überschreiten zu einem völligen Einswerden von Subjekt und Objekt, unter Verschwinden aller Gegenständlichkeit und unter Erlöschen des Ich. Da öffnet sich das eigentliche Sein und hinterläßt beim Erwachen ein Bewußtsein tiefster, unausschöpfbarer Bedeutung. Für den aber, der es erfuhr, ist jenes Einswerden das eigentliche Erwachen und das Erwachen zum Bewußtsein in der Subjekt-Objekt-Spaltung vielmehr Schlaf. So schreibt Plotin, der größte der mystischen Philosophen des Abendlandes:

»Oft wenn ich aus dem Schlummer des Leibes zu mir selbst erwache, schaue ich eine wundersame Schönheit: ich glaube dann am festesten an meine Zugehörigkeit zu einer besseren und höheren Welt, wirke kräftig in mir das herrlichste Leben und bin mit der Gottheit eins geworden.«

An den mystischen Erfahrungen kann kein Zweifel sein, auch nicht daran, daß jedem Mystiker in der Sprache, durch die er sich mitteilen möchte, das Wesentliche nicht sagbar wird. Der Mystiker versinkt im Umgreifenden. Was sagbar wird, tritt in die Subjekt-Objekt-Spaltung, und ein ins Unendliche vorandringendes Hellwerden im Bewußtsein erreicht nie die Fülle jenes Ursprungs. Reden können wir aber nur von dem, was gegenständliche Gestalt gewinnt. Das andere ist unmitteilbar. Daß es aber im Hintergrund jener philosophischen Gedanken steht, die wir die spekulativen nennen, macht deren Gehalt und Bedeutung aus.

Auf dem Grunde unserer philosophischen Vergewisserung des Umgreifenden verstehen wir auch besser die großen Seinslehren und *Metaphysiken* der Jahrtausende vom Feuer, von der Materie, vom Geist, vom Weltprozeß usw. Denn sie waren in der Tat nicht erschöpft von einem gegenständlichen Wissen, als das sie sich oft verstanden und als das sie durchweg falsch sind, sondern sie waren eine Chifferschrift des Seins, aus der Gegenwart des Umgreifenden von den Philosophen zur Selbst- und Seinserhellung entworfen – und dann alsbald fälschlich für ein bestimmtes Objektsein als das eigentliche Sein gehalten.

Wenn wir uns in den Erscheinungen der Welt bewegen, werden wir uns bewußt, daß Sein selbst weder in dem immer verengenden Gegenstand, noch in dem Horizont unserer immer beschränkten Welt als der Gesamtheit der Erscheinungen zu haben, sondern allein in dem Umgreifenden, das über alle Gegenstände und Horizonte hinaus, hinaus über die Subjekt-Objekt-Spaltung ist.

Wenn wir durch die philosophische Grundoperation des Umgreifenden innegeworden sind, so fallen die anfänglich aufgezählten Metaphysiken, alle jene vermeintlichen Seinserkenntnisse dahin, sobald sie irgendein noch so großes und wesentliches Seiendes in der Welt für das Sein selbst halten wollten. Aber sie sind die einzige uns mögliche Sprache, wenn wir hinausdringen über alles Seiende in Gegenständen, Gedachtheiten, Welthorizonten, über alle Erscheinungen, um das Sein selbst zu erblicken.

Denn dieses Ziel erreichen wir nicht, indem wir die Welt verlassen, es sei denn in der inkommunikablen Mystik. Nur im deutlichen, gegenständlichen Wissen kann unser Bewußtsein hell bleiben. Nur in ihm kann es im Erfahren seiner Grenzen durch das, was an der Grenze fühlbar ist, seinen Gehalt empfangen. Im Darüberhinaus-Denken bleiben wir immer zugleich darin. Indem uns die Erscheinung durchsichtig wird, bleiben wir an sie gebannt.

Durch Metaphysik hören wir das Umgreifende der Transzendenz. Wir verstehen diese Metaphysik als Chifferschrift.

Aber wir verfehlen ihren Sinn, wenn wir in den unverbindlichen ästhetischen Genuß dieser Gedanken verfallen. Denn ihr Gehalt zeigt sich uns nur, wenn wir die Wirklichkeit in der Chiffer hören. Und wir hören nur aus der Wirklichkeit unserer Existenz, nicht aus dem bloßen Verstande, der vielmehr hier überall keinen Sinn zu sehen meint.

Aber wir dürfen erst recht nicht die Chiffer (das Symbol) der Wirklichkeit für leibhaftige Realität halten wie die Dinge, die wir fassen, mit denen wir hantieren und die wir verzehren. Das Objekt als solches für eigentliches Sein zu halten, das ist das Wesen aller Dogmatik, und die Symbole als materielle Leibhaftigkeit für real zu halten, ist insbesondere das Wesen des Aberglaubens. Denn Aberglaube ist Fesselung an das Objekt, Glaube ist Gründung im Umgreifenden.

Und nun die letzte, methodologische Folge der Vergewisserung des Umgreifenden: Das Bewußtsein der Gebrochenheit unseres philosophischen Denkens.

Erdenken wir das Umgreifende in philosophischer Ausarbeitung, so machen wir doch wieder zum Gegenstand, was seinem Wesen nach nicht Gegenstand ist. Daher ist der ständige Vorbehalt nötig, das Gesagte als gegenständlichen Inhalt rückgängig zu machen, um dadurch jenes Innewerden des Umgreifenden zu gewinnen, das nicht Ergebnis einer Forschung als nunmehr aufsagbarer Inhalt ist, sondern eine Haltung unseres Bewußtseins. Nicht mein Wissen, sondern mein Selbstbewußtsein wird anders.

Das aber ist nun der Grundzug alles eigentlichen Philosophierens. Im Medium des gegenständlich bestimmten Denkens und nur in ihm erfolgt der Aufschwung des Menschen in das Umgreifende. Er bringt zur Wirksamkeit im Bewußtsein den Grund unseres Daseins im Sein selbst, die Führung von da, die Grundstimmung, die Sinngebung unseres Lebens und Tuns. Er löst uns aus den Fesseln des bestimmten Denkens, indem er dieses nicht etwa preisgibt, sondern bis zum Äußersten treibt. Er läßt in dem allgemeinen philosophischen Gedanken die Flanke offen für seine Verwirklichung in unserer Gegenwärtigkeit.

Damit Sein für uns sei, ist Bedingung, daß das Sein in der Spaltung von Subjekt und Objekt durch Erfahrung auch für die

Seele gegenwärtig wird. Daher der Drang in uns zur Klarheit. Alles nur dunkel Gegenwärtige soll in gegenständlicher Gestalt und aus dem Wesen des sich erfüllenden Ichs ergriffen werden. Auch das Sein selbst, das Allbegründende, das Unbedingte will in der Form der Gegenständlichkeit vor Augen stehen, wenn auch in einer Form, die, weil als Gegenständlichkeit unangemessen, sich wieder zertrümmert und in der Zerstörung die reine Klarheit der Gegenwart des Umgreifenden hinterläßt.

Das Bewußtwerden der Subjekt-Objekt-Spaltung als Grundtatbestand unseres denkenden Daseins und des Umgreifenden, das in ihm gegenwärtig wird, bringt uns erst die Freiheit des Philosophierens.

Der Gedanke löst uns aus jedem Seienden. Er zwingt uns zur Umkehr aus jeder Sackgasse einer Verfestigung. Es ist ein uns gleichsam umwendender Gedanke.

Der Verlust der Absolutheit der Dinge und der gegenständlichen Erkenntnistheorie heißt dem, der darin seinen Halt besaß, Nihilismus. Für alles, was durch Sprache und Gegenständlichkeit seine Bestimmtheit und damit Endlichkeit gewinnt, schwindet der ausschließende Anspruch, Wirklichkeit und Wahrheit zu sein.

Unser philosophisches Denken geht durch diesen Nihilismus, der vielmehr die Befreiung zum eigentlichen Sein ist. Durch eine Wiedergeburt unseres Wesens im Philosophieren erwächst der je begrenzte Sinn und Wert aller endlichen Dinge, wird die Unumgänglichkeit der Wege durch sie hindurch gewiß, aber wird zugleich der Grund gewonnen, aus dem erst der freie Umgang mit diesen Dingen möglich ist.

Der Sturz aus den Festigkeiten, die doch trügerisch waren, wird Schwebenkönnen – was Abgrund schien, wird Raum der Freiheit – das scheinbare Nichts verwandelt sich in das, woraus das eigentliche Sein zu uns spricht.

4. Der Gottesgedanke

Unser abendländischer Gottesgedanke hat geschichtlich zwei Wurzeln: die Bibel und die griechische Philosophie.

Als Jeremias den Untergang von allem sah, für das er sein langes Leben hindurch gewirkt hatte, als sein Land und sein Volk verloren waren, als in Ägypten die letzten Reste seines Volkes auch noch dem Glauben an Jahwe untreu wurden und der Isis opferten, und als sein Jünger Baruch verzweifelte: »Ich bin matt vom Seufzen und finde keine Ruhe«, da antwortete Jeremias: »So spricht Jahwe: Fürwahr, was ich aufgebaut habe, reiße ich nieder, und was ich eingepflanzt habe, reiße ich aus, und da verlangst du für dich Großes? Verlange nicht!«

In solcher Situation haben diese Worte den Sinn: daß Gott ist, das ist genug. Ob es »Unsterblichkeit« gibt, danach wird nicht gefragt; ob Gott »vergibt«, solche Frage steht nicht mehr im Vordergrund. Auf den Menschen kommt es gar nicht mehr an, sein Eigenwille ist wie sein Kümmern um eigene Seligkeit und Ewigkeit erloschen. Aber auch, daß die Welt im ganzen einen in sich vollendbaren Sinn, daß sie in irgendeiner Gestalt Bestand habe, ist als unmöglich begriffen; denn alles ist aus dem Nichts von Gott geschaffen und in seiner Hand. Im Verlust von allem bleibt allein: Gott ist. Wenn ein Leben in der Welt auch unter geglaubter Führung Gottes das Beste versuchte und doch scheiterte, so bleibt die eine ungeheure Wirklichkeit: Gott ist. Wenn der Mensch ganz und gar auf sich und seine Ziele verzichtet, dann vermag sich ihm diese Wirklichkeit als die einzige Wirklichkeit zu zeigen. Aber sie zeigt sich nicht vorher, nicht abstrakt, sondern nur bei eigener Einsenkung in das Dasein der Welt und zeigt sich hier erst an der Grenze.

Jeremias' Worte sind herbe Worte. Sie sind nicht mehr verbunden einem geschichtlichen Wirkungswillen in der Welt, der aber lebenwährend vorherging und am Ende im vollkommenen Scheitern erst diesen Sinn ermöglichte. Sie sprechen schlicht, ohne Phantastik und enthalten unergründliche Wahrheit, gerade weil sie auf jeden Inhalt in der Aussage, auf jede Festigung in der Welt verzichten.

Anders und doch übereinstimmend klingen die Aussagen der griechischen Philosophie.

Xenophanes um 500 v. Chr. kündete: es herrscht nur ein einziger Gott, weder an Aussehen den Sterblichen ähnlich, noch an Gedanken. Plato dachte die Gottheit – er nennt sie das Gute – als Ursprung aller Erkenntnis. Das Erkennbare wird nicht nur im Licht der Gottheit erkannt, sondern hat sein Sein von ihr, die selber an Würde und Kraft über das Sein hinausragt.

Die griechischen Philosophen haben begriffen: nur der Sitte nach gibt es viele Götter, von Natur nur einen, man sieht Gott nicht mit Augen, er gleicht niemandem, er ist aus keinem Bilde zu erkennen.

Gedacht wird die Gottheit als Weltvernunft oder als Weltgesetz, oder als Schicksal und Vorsehung, oder als Weltbaumeister.

Aber es handelt sich bei den griechischen Denkern um einen gedachten Gott, nicht um den lebendigen Gott des Jeremias. Der Sinn beider trifft zusammen. Die abendländische Theologie und Philosophie hat in unendlichen Abwandlungen aus dieser zweifachen Wurzel gedacht, daß Gott sei und was Gott sei.

Philosophen unserer Zeit scheinen die Frage, ob Gott sei, gern zu umgehen. Weder behaupten sie sein Dasein, noch leugnen sie es. Aber wer philosophiert, hat Rede zu stehen. Wird Gott bezweifelt, hat der Philosoph eine Antwort zu geben, oder er verläßt nicht die skeptische Philosophie, in der überhaupt nichts behauptet, nicht bejaht und nichts verneint wird. Oder unter Beschränkung auf gegenständlich bestimmtes Wissen, das heißt auf wissenschaftliches Erkennen, hört er auf zu philosophieren mit dem Satze: was man nicht wissen kann, davon soll man schweigen.

Die Frage nach Gott wird erörtert auf Grund von sich widersprechenden Sätzen, die wir nacheinander durchgehen:

Der theologische Satz ist: Von Gott können wir nur wissen, weil er sich geoffenbart hat von den Propheten bis zu Jesus. Ohne Offenbarung ist keine Wirklichkeit Gottes für den Menschen. Nicht im Denken, sondern im Glaubensgehorsam ist Gott zugänglich.

Aber längst vor und außerhalb der Welt biblischer Offenbarung gab es Gewißheit von der Wirklichkeit der Gottheit. Und innerhalb der christlich-abendländischen Welt haben viele Menschen eine Gottesgewißheit ohne die Garantie der Offenbarung vollzogen.

Gegen den theologischen steht ein alter philosophischer Satz: Von Gott wissen wir, weil sein Dasein bewiesen werden kann. Die Gottesbeweise seit dem Altertum sind in ihrer Gesamtheit ein großartiges Dokument.

Wenn aber die Gottesbeweise aufgefaßt werden als wissenschaftlich zwingende Beweise im Sinne der Mathematik oder der empirischen Wissenschaften, so sind sie falsch. In der radikalsten Weise hat sie Kant in ihrer zwingenden Gültigkeit widerlegt.

Nun folgte die Umkehrung: Die Widerlegung aller Gottesbeweise bedeutet, daß es keinen Gott gibt.

Diese Folgerung ist falsch. Denn sowenig Gottes Dasein bewiesen werden kann, ebensowenig sein Nichtdasein. Die Beweise und ihre Widerlegungen zeigen nur: ein bewiesener Gott ist kein Gott, sondern wäre bloß eine Sache in der Welt.

Gegen vermeintliche Beweise und Widerlegungen des Daseins Gottes scheint die Wahrheit diese zu sein: Die sogenannten Gottesbeweise sind ursprünglich gar nicht Beweise, sondern Wege denkenden Sichvergewisserns. Die in Jahrtausenden erdachten und in Abwandlungen wiederholten Gottesbeweise haben in der Tat einen anderen Sinn als wissenschaftliche Beweise. Sie sind Vergewisserungen des Denkens in der Erfahrung des Aufschwungs des Menschen zu Gott. Es lassen sich Wege des Gedankens gehen, durch die wir an Grenzen kommen, wo im Sprung das Gottesbewußtsein zur natürlichen Gegenwart wird.

Sehen wir einige Beispiele:

Der älteste Beweis heißt der kosmologische. Aus dem Kosmos (der griechische Name für Welt) wird auf Gott geschlossen: aus dem immer Verursachten des Weltgeschehens auf die letzte Ursache, aus der Bewegung auf den Ursprung der Bewegung, aus der Zufälligkeit des Einzelnen auf die Notwendigkeit des Ganzen.

Wenn dieser Schluß gemeint ist als vom Dasein einer Sache auf eine andere, so wie aus der uns zugekehrten Seite des Monds auf dessen Rückseite, die wir nie zu sehen bekommen, so gilt er nicht. Vielmehr können wir so nur schließen von Dingen in der Welt auf andere Dinge. Die Welt als Ganzes ist kein Gegenstand, weil wir immer darin sind und die Welt nie als ein Ganzes uns gegenüber haben. Daher kann von der Welt im Ganzen nicht geschlossen werden auf etwas anderes als Welt.

Der Gedanke dieses Schlusses verwandelt jedoch seinen Sinn, wenn er nicht mehr als Beweis gilt. Darum bringt er im Gleichnis eines Schlusses vom einen auf das andere das Geheimnis zum Bewußtsein, das darin liegt, daß die Welt und wir darin überhaupt sind. Versuchen wir den Gedanken, es könnte auch nichts sein, und fragen mit Schelling: warum ist überhaupt etwas und nicht nichts?, so ist die Gewißheit des Daseins von der Art, daß wir auf die Frage nach seinem Grunde zwar keine Antwort erhalten, aber auf das Umgreifende geführt werden, das seinem Wesen nach schlechthin ist und nicht nicht sein kann und durch das alles andere ist.

Wohl hat man die Welt für ewig gehalten und hat der Welt selbst den Charakter gegeben, aus sich selbst, daher identisch mit Gott zu sein. Das aber gelingt nicht:

Alles, was in der Welt schön, zweckmäßig, geordnet und in der Ordnung von einer gewissen Vollendung ist – alles, was wir im unmittelbaren Naturanschauen mit Ergriffenheit in unerschöpflicher Fülle erfahren, das ist nicht aus einem radikal erkennbaren Weltsein, etwa aus einer Materie zu begreifen. Die Zweckmäßigkeit des Lebendigen, die Schönheit der Natur in allen Gestalten, die Ordnung der Welt überhaupt wird im Maße des Fortschreitens faktischer Erkenntnis immer geheimnisvoller.

Wenn aber nun daraus geschlossen wird auf Gottes Dasein, des gütigen Schöpfergottes, so steht sofort dagegen alles Häßliche, Verworrene, Ungeordnete in der Welt. Dem entsprechen Grundstimmungen, denen die Welt unheimlich, fremd, schaurig, furchtbar ist. Der Schluß auf einen Teufel scheint ebenso zwingend wie der auf Gott. Das Geheimnis der Transzendenz hört damit nicht auf, sondern vertieft sich.

Entscheidend aber ist, was wir die Unvollendbarkeit der Welt nennen. Die Welt ist nicht am Ende, sondern in ständiger Verwandlung – unsere Erkenntnis der Welt kann keinen Abschluß finden –, die Welt ist aus sich selbst nicht begreifbar.

Alle diese sogenannten Beweise beweisen nicht nur nicht das Dasein Gottes, sondern verführen auch, Gott in eine Weltrealität zu verwandeln, die sozusagen an den Weltgrenzen festgestellt werde, als eine dort anzutreffende zweite Welt. Dann trüben sie den Gottesgedanken.

Sie werden aber um so eindrucksvoller, je mehr sie durch die konkreten Welterscheinungen hindurch vor das Nichts und vor die Unvollendbarkeit führen. Dann lassen sie gleichsam den Abstoß gewinnen, uns nicht in der Welt als einzigem Sein mit ihr zufrieden zu geben.

Es zeigt sich immer wieder: Gott ist kein Gegenstand des Wissens, er ist nicht zwingend erschließbar. Gott ist auch kein Gegenstand der sinnlichen Erfahrung. Er ist unsichtbar, kann nicht geschaut, sondern nur geglaubt werden.

Woher aber dieser Glaube? Er kommt nicht ursprünglich aus den Grenzen der Welterfahrung, sondern aus der Freiheit des Menschen. Der Mensch, der sich wirklich seiner Freiheit bewußt wird, wird sich zugleich Gottes gewiß. Freiheit und Gott sind untrennbar. Warum?

Ich bin mir gewiß: in meiner Freiheit bin ich nicht durch mich selbst, sondern werde mir in ihr geschenkt, denn ich kann mir ausbleiben und mein Freisein nicht erzwingen. Wo ich eigentlich ich selbst bin, bin ich gewiß, daß ich es nicht durch mich selbst bin. Die höchste Freiheit weiß sich in der Freiheit von der Welt zugleich als tiefste Gebundenheit an Transzendenz.

Das Freisein des Menschen nennen wir auch seine Existenz. Gott ist für mich gewiß mit der Entschiedenheit, in der ich existiere. Er ist gewiß nicht als Wissensinhalt, sondern als Gegenwärtigkeit für die Existenz.

Wenn die Gewißheit der Freiheit die Gewißheit vom Sein Gottes in sich schließt, so ist ein Zusammenhang zwischen Leugnung der Freiheit und Gottesleugnung. Erfahre ich nicht das Wunder des Selbstseins, so brauche ich keine Beziehung auf Gott, sondern bin zufrieden mit dem Dasein der Natur, vieler Götter, der Dämonen.

Und es besteht andrerseits ein Zusammenhang zwischen der Behauptung einer Freiheit ohne Gott und der Vergötterung des Menschen. Es ist die Scheinfreiheit der Willkür, die sich als vermeintliche absolute Selbständigkeit des »ich will« versteht. Ich verlasse mich auf die eigene Kraft des »ich will nun einmal so« und auf das trotzige Sterbenkönnen. Aber diese Täuschung vor mir selbst, daß ich ich selbst durch mich allein sei, läßt die Freiheit umschlagen in die Ratlosigkeit des Leerseins. Die Wildheit des Sichdurchsetzenwollens schlägt um in die Verzweiflung, in der eins wird, was Kierkegaard nennt: Verzweifelt man selbst sein wollen, und verzweifelt nicht man selbst sein wollen.

Gott ist für mich in dem Maße, als ich in Freiheit wirklich ich selbst werde. Er ist gerade nicht als Wissensinhalt, sondern nur als Offenbarwerden für die Existenz.

Durch die Erhellung unserer Existenz als Freiheit wird nun aber wiederum nicht Gottes Dasein bewiesen, sondern nur gleichsam der Ort gezeigt, an dem seine Gewißheit möglich ist.

In keinem Gottesbeweis kann der Gedanke, wenn er zwingende Gewißheit bringen soll, sein Ziel erreichen. Aber das Scheitern des Gedankens hinterläßt nicht nichts. Es weist hin auf das, was im unerschöpflichen, ständig in Frage stellenden umgreifenden Gottesbewußtsein aufgeht.

Daß Gott keine Greifbarkeit in der Welt wird, das bedeutet zugleich, daß der Mensch seiner Freiheit sich nicht entäußern soll zugunsten der in der Welt vorkommenden Faßlichkeiten, Autoritäten, Gewalten, daß er vielmehr die Verantwortung hat für sich selbst, der er nicht entlaufen darf, indem er, vermeintlich aus Freiheit, auf Freiheit verzichtet. Er soll sich selber verdanken, wie er sich entscheidet und den Weg findet. Daher sagt Kant: Die unerforschliche Weisheit sei so bewunderungswürdig in dem, wie sie uns gebe, wie in dem, was sie uns versage. Denn wenn sie in ihrer Majestät uns ständig vor Augen stände, als zwingende Autorität in der Welt eindeutig spräche, so würden wir Marionetten ihres Willens. Sie aber wollte uns frei.

Statt des Wissens von Gott, das unerreichbar ist, vergewissern wir uns philosophierend des umgreifenden Gottesbewußtseins:

»Gott ist«, in diesem Satze ist die Wirklichkeit entscheidend, auf die er weist. Diese Wirklichkeit ist nicht schon im Denken des Satzes begriffen; sein bloßes Gedachtwerden läßt vielmehr leer. Denn was für Verstand und sinnliche Erfahrung darin liegt, ist nichts. Was in ihm eigentlich gemeint wird, das ist erst im Transzendieren, im Hinausschreiten über die Realität durch diese selber fühlbar als die eigentliche Wirklichkeit. Daher ist Höhepunkt und Sinn unseres Lebens, wo wir eigentlicher Wirklichkeit, daß heißt Gottes gewiß werden.

Diese Wirklichkeit ist zugänglich der Existenz in der Ursprünglichkeit ihrer Gottbezogenheit. Daher verwehrt die Ursprünglichkeit des Gottesglaubens jedes Mittlertum. Er ist wirklich nicht schon in irgendwelchen bestimmten, für alle Menschen aussagbaren Glaubensinhalten und nicht in einer für alle Menschen gleichen, Gott vermittelnden geschichtlichen Wirklichkeit. Vielmehr findet in jeweiliger Geschichtlichkeit die unmittelbare, keines Mittlers bedürfende, unabhängige Beziehung des Einzelnen zu Gott statt.

Diese Geschichtlichkeit, aussagbar und darstellbar geworden, ist in dieser Gestalt nicht die absolute Wahrheit für alle, aber doch in ihrem Ursprung unbedingt wahr.

Was Gott wirklich ist, muß er absolut sein und nicht nur in einer der geschichtlichen Erscheinungen seiner Sprache, in der Sprache des Menschen. Wenn er ist, muß er daher unmittelbar ohne Umwege fühlbar sein für den Menschen als Einzelnen.

Wenn die Wirklichkeit Gottes und die Unmittelbarkeit der geschichtlichen Gottbezogenheit die allgemeingültige Gotteserkenntnis ausschließen, so ist gefordert statt der Erkenntnis unser Verhalten zu Gott. Von jeher ist Gott gedacht in Gestalten des Weltseins bis zur Gestalt der Persönlichkeit nach Analogien des Menschen. Und doch ist jede solche Vorstellung zugleich wie ein Schleier. Gott ist nicht, was auch immer wir vor Augen stellen.

Unser wahres Verhalten zu Gott hat seinen tiefsten Ausdruck in folgenden Sätzen der Bibel gefunden:

Du sollst dir kein Bildnis und Gleichnis machen. Das hieß einmal: Gottes Unsichtbarkeit verbietet es, ihn in Götterbildern, Idolen, Schnitzwerken anzubeten. Dies handgreifliche Verbot vertieft sich zu dem, daß Gott nicht nur unsichtbar, sondern unvorstellbar, unerdenkbar sei. Kein Gleichnis kann ihm entsprechen und keines darf sich an seine Stelle setzen. Alle Gleichnisse ohne Ausnahme sind Mythen, als solche sinnvoll im verschwindenden Charakter bloßen Gleichnisseins, jedoch Aberglauben, wenn sie für die Realität Gottes selbst genommen werden.

Weil jede Anschauung als Bild im Zeigen gerade verbirgt, ist die entschiedenste Gottnähe in der Bildlosigkeit. Diese wahre Forderung des Alten Testaments ist jedoch nicht einmal in diesem selber erfüllt worden: es blieb die Persönlichkeit Gottes als Bild, sein Zorn und seine Liebe, sein Richtertum und seine Gnade. Die Forderung ist unerfüllbar. Das Überpersönliche, das rein Wirkliche Gottes ist zwar in seiner Unfaßlichkeit bildlos zu ergreifen versucht vom spekulativen Seinsdenken des Parmenides und Plato, vom indischen Atman-Brahman-Denken, vom chinesischen Tao – aber auch alle diese Gedanken können in der Durchführung nicht erreichen, was sie wollen. Immer stellt sich für menschliches Denk- und Anschauungsvermögen das Bild ein. Wenn aber im philosophischen Gedanken Anschauung und Gegenstand fast verschwinden, so bleibt vielleicht am Ende ein leisestes Bewußtsein gegenwärtig, das doch in seiner Wirkung lebensgründend werden kann.

Dann ist nach der Aufhellung aller Naturvergötterung, alles nur Dämonischen, alles Ästhetischen und Abergläubigen, alles spezifisch Numinosen im Medium der Vernunft doch das tiefste Geheimnis unverloren.

Jenes leise Bewußtsein am Ende des Philosophierens ist vielleicht zu umkreisen.

Es ist das Schweigen vor dem Sein. Die Sprache hört auf vor dem, was uns verloren ist, wenn es Gegenstand wird.

Dieser Grund ist nur im Überschreiten jedes Gedachten zu erreichen. Er selbst ist unüberschreitbar. Vor ihm ist Sichbescheiden und Erlöschen allen Verlangens.

Dort ist Zuflucht und doch kein Ort. Dort ist Ruhe, die uns tragen kann in der unaufhebbaren Unruhe unseres Weges in der Welt.

Dort muß das Denken sich auflösen in die Helligkeit. Wo keine Frage mehr ist, ist auch keine Antwort. Im Überschreiten des Fragens und Antwortens, das im Philosophieren bis zum Äußersten vorangetrieben wird, gelangen wir in die Stille des Seins.

Ein anderer biblischer Satz lautet:

Du sollst keinen anderen Gott haben. Dieses Gebot bedeutet zunächst die Verwerfung der fremden Götter. Es wurde vertieft zu dem einfachen und unergründlichen Gedanken: es gibt nur einen Gott. Das Leben des Menschen, der den einen, einzigen Gott glaubt, ist gegenüber dem Leben mit vielen Göttern auf einen radikal neuen Boden gestellt. Die Konzentration auf das Eine gibt dem Entschluß der Existenz erst seinen wirklichen Grund. Der unendliche Reichtum ist doch am Ende Zerstreutheit; das Herrliche entbehrt der Unbedingtheit, wenn der Grund im Einen fehlt. Es ist ein bleibendes Problem des Menschen, so gegenwärtig wie vor Jahrtausenden, ob er das Eine zum Grunde seines Lebens gewinnt.

Ein dritter Satz der Bibel lautet:

Dein Wille geschehe. Diese Grundhaltung zu Gott besagt: Sich beugen vor dem Unbegreiflichen im Vertrauen, daß es über, nicht unter der Begreiflichkeit liege. »Deine Gedanken sind nicht unsere Gedanken, deine Wege sind nicht unsere Wege.«

Das Vertrauen in dieser Grundhaltung ermöglicht ein umgreifendes Dankgefühl, eine zugleich wortlose und unpersönliche Liebe.

Der Mensch steht vor der Gottheit als dem verborgenen Gott und kann das Entsetzlichste hinnehmen als Ratschluß dieses Gottes, wohl wissend, daß, wie immer er diesen in bestimmter Weise ausdrückt, es schon in Menschenauffassung ausgesprochen und daher falsch ist.

Zusammengefaßt: Unser Verhalten zur Gottheit ist möglich unter den Forderungen: »kein Bildnis und Gleichnis« – »der eine Gott« – in der Hingabe: »dein Wille geschehe«.

Erdenken Gottes ist Erhellung des Glaubens. Glaube aber ist nicht Schauen. Er bleibt in der Distanz und in der Frage. Aus ihm leben, das heißt nicht, sich auf ein berechenbares Wissen stützen, sondern so leben, daß wir es daraufhin wagen, daß Gott ist.

Gott glauben, das heißt, aus etwas leben, das in keiner Weise in der Welt ist, außer in vieldeutiger Sprache der Erscheinungen, die wir Chiffer oder Symbole der Transzendenz nennen.

Der geglaubte Gott ist der ferne Gott, der verborgene Gott, der unerweisbare Gott.

Daher muß ich nicht nur erkennen, daß ich Gott nicht weiß, sondern sogar: daß ich nicht weiß, ob ich glaube. Glaube ist kein

Besitz. Es gibt in ihm keine Sicherheit des Wissens, sondern nur Gewißheit in der Praxis des Lebens.

Der Glaubende lebt daher in der bleibenden Vieldeutigkeit des Objektiven, in der ständigen Bereitschaft des Hörens. Er ist weich in der Hingabe an das Hörbare und zugleich unbeirrbar. Er ist im Gewande der Schwäche stark, ist Offenheit bei Entschiedenheit seines wirklichen Lebens.

Das Erdenken Gottes ist zugleich ein Beispiel alles wesentlichen Philosophierens: es bringt nicht die Sicherheit des Wissens, sondern dem eigentlichen Selbstsein den freien Raum seiner Entscheidung; es legt alles Gewicht auf die Liebe in der Welt und das Lesen der Chifferschrift der Transzendenz und die Weite des in der Vernunft Aufgehenden.

Darum ist alles philosophisch Gesagte so karg. Denn es erfordert die Ergänzung aus dem eigenen Sein des Hörenden.

Die Philosophie gibt nicht, sie kann nur erwecken – sie kann dann erinnern, befestigen und bewahren helfen.

Ein jeder versteht in ihr, was er eigentlich schon wußte.

5. Die unbedingte Forderung

Unbedingte Handlungen geschehen in der Liebe, im Kampf, im Ergreifen hoher Aufgaben. Kennzeichen aber des Unbedingten ist, daß das Handeln gegründet ist auf etwas, dem gegenüber das Leben als Ganzes bedingt und nicht das Letzte ist.

In der Verwirklichung des Unbedingten wird das Dasein gleichsam zum Material der Idee, der Liebe, der Treue. Es wird hineingenommen in einen ewigen Sinn, gleichsam verzehrt und nicht freigelassen zur Beliebigkeit des bloßen Lebens. Erst an der Grenze, in Ausnahmesituationen, kann der Einsatz aus dem Unbedingten auch zum Verlust des Daseins und zum Aufsichnehmen des unumgänglichen Todes führen, während das Bedingte zuerst und jederzeit und um jeden Preis im Dasein bleiben, leben will.

Menschen haben zum Beispiel ihr Leben eingesetzt im solidarischen Kampf für ein gemeinsames Dasein in der Welt. Die Solidarität stand unbedingt vor dem durch sie bedingten Leben.

Das geschah ursprünglich in der Gemeinschaft des Vertrauens, dann aber oft auch unter dem beschwingenden Befehl einer geglaubten Autorität, so daß der Glaube an diese Autorität Quelle des Unbedingten wurde. Dieser Glaube befreite aus Unsicherheit, er ersparte eigene Prüfung. Im Unbedingten dieser Gestalt war aber eine heimliche Bedingung verborgen, nämlich der Erfolg der Autorität. Der Glaubende wollte durch seinen Gehorsam leben. Wenn die Autoarität keinen Erfolg als Macht mehr hatte und damit auch der Glaube an sie zerbrach, dann entstand eine vernichtende Leere.

Eine Rettung aus dieser Leere kann dann nur der Anspruch nunmehr an den Menschen selbst als Einzelnen sein, daß er in Freiheit gewinne, was eigentlich Sein und der Grund seiner Entschlüsse ist.

Dieser Weg wurde in der Geschichte dort gegangen, wo Einzelne ihr Leben wagten, weil sie einer unbedingten Forderung gehorchten: Sie bewahrten die Treue dort, wo Treulosigkeit alles zunichte machen, das in der Treulosigkeit gerettete Leben vergiftet sein würde, wo dieser Verrat des ewigen Seins das nun noch bleibende Dasein unselig werden ließe.

Die reinste Gestalt ist vielleicht Sokrates. In der Helle seiner Vernunft lebend aus dem Umgreifenden des Nichtwissens, ging er unbeirrbar, ohne Störung durch Leidenschaften der Empörung, des Hasses, des Rechthabens seinen Weg; er machte kein Zugeständnis, er ergriff nicht die Möglichkeit der Flucht und starb heiteren Sinns, es wagend auf seinen Glauben hin.

Es gab Märtyrer von reinster sittlicher Energie in der Treue zu ihrem Glauben, wie Thomas Morus. Fragwürdig sind manche andere. Für etwas sterben, um es zu bezeugen, bringt eine Zweckhaftigkeit und damit Unreinheit in das Sterben. Wenn Märtyrer gar angetrieben wurden von dem Drang zu sterben, etwa in vermeintlicher Nachfolge Christi, von einem Todesdrang, der die Seele nicht selten verschleiert durch hysterische Erscheinungen, so wuchs die Unreinheit.

Selten sind die philosophischen Gestalten, die, ohne eine ihnen wesentliche Zugehörigkeit zu einer Glaubensgemeinschaft in der Welt, auf sich allein vor Gott stehend, den Satz verwirklichten: Philosophieren heißt sterben lernen. Seneca, der jahrelang auf das Todesurteil wartete, überwand seine klugen Bemühungen der Rettung, so daß er schließlich weder in unwürdigen Handlungen sich selbst aufgab, noch die Fassung verlor, als Nero seinen Tod forderte. Boethius starb unschuldig den von einem Barbaren über ihn verhängten Tod: in hellem Bewußtsein philosophierend, zugewandt dem eigentlichen Sein. Bruno überwand sein Zweifeln und halbes Nachgeben zu dem hohen Entschluß unerschütterlichen zweckfreien Standhaltens bis auf den Scheiterhaufen.

Seneca, Boethius, Bruno sind Menschen mit ihren Schwächen, ihrem Versagen, wie wir es sind. Sie haben sich selbst erst gewonnen. Sie sind darum wirkliche Wegweiser auch für uns. Denn Heilige sind doch Gestalten, die sich für uns nur in der Dämmerung oder in dem irrealen Licht mythischer Anschauung halten können, dem realistischen Zusehen aber nicht standhalten. Die Unbedingtheit, deren Menschen als Menschen fähig waren, gibt uns wirkliche Ermutigung, während das Imaginäre nur unwirksame Erbauung ermöglicht.

Wir erinnerten an historische Beispiele des Sterbenkönnens. Versuchen wir jetzt das Wesen der unbedingten Forderung deutlich zu machen.

Auf die Frage: Was soll ich tun? erhalte ich Antwort durch Angabe endlicher Zwecke und deren Mittel. Es muß Nahrung erworben werden, und dazu ist Arbeit gefordert. Ich soll mit Menschen in Gemeinschaft auskommen: die Regeln der Lebensklugheit geben mir Anweisungen. Jedesmal ist ein Zweck die Bedingung für den Gebrauch der dazu gehörenden Mittel.

Der Grund aber, warum diese Zwecke gelten, ist entweder das unbefragte Daseinsinteresse, der Nutzen. Dasein als solches aber ist kein Endzweck, weil die Frage bleibt: was für ein Dasein? – und die Frage: wozu?

Oder der Grund der Forderung ist die Autorität, der ich zu gehorchen habe, entweder durch Befehl eines fremden »ich will so« oder dem »so steht geschrieben«. Aber solche Autorität bleibt unbefragt und daher ungeprüft.

Alle solchen Forderungen sind bedingt. Denn sie machen mich abhängig von einem anderen, von Daseinszwecken oder von Autorität. Unbedingte Forderungen dagegen haben ihren Ursprung in mir selbst. Bedingte Forderungen treten mir gegenüber als eine jeweilige Bestimmtheit, an die ich mich äußerlich halten kann. Unbedingte Forderungen kommen aus mir, indem sie mich innerlich tragen durch das, was in mir selbst nicht nur ich selbst ist.

Die unbedingte Forderung tritt an mich heran als die Forderung meines eigentlichen Seins an mein bloßes Dasein. Ich werde meiner inne als dessen, was ich selbst bin, weil ich es sein soll. Dieses Innewerden steht dunkel am Anfang, hell am Ende meines unbedingten Tuns. Ist das Innewerden im Unbedingten vollzogen, so hört in der Gewißheit des Seinssinnes das Fragen auf – wenn auch in der Zeit alsbald das Fragen wieder entsteht und in verwandelter Situation die Gewißheit immer von neuem erworben werden muß.

Dieses Unbedingte steht vor allem Zweckhaften als das, was die Zwecke setzt. Das Unbedingte ist daher nicht das, was gewollt wird, sondern das, woraus gewollt wird.

Das Unbedingte als Grund des Handelns ist daher nicht Sache der Erkenntnis, sondern Gehalt eines Glaubens. Soweit ich die

Gründe und Ziele meines Handelns erkenne, bleibe ich im Endlichen und Bedingten. Erst wo ich aus einem nicht mehr gegenständlich Begründbaren lebe, lebe ich aus dem Unbedingten.

Den Sinn der Unbedingtheit umkreisen wir durch einige charakterisierende Sätze:

Erstens: Unbedingtheit ist nicht Sosein, sondern ein durch Reflexion aus einer unbegreiflichen Tiefe hell werdender Entschluß, mit dem ich selbst identisch bin. Was heißt das?

Unbedingtheit bedeutet Teilnahme am Ewigen, am Sein. Aus ihr erwächst daher die absolute Verläßlichkeit und Treue. Sie ist nicht von Natur, sondern durch jenen Entschluß. Der Entschluß ist nur durch Helligkeit, die durch Reflexion entsteht. Psychologisch ausgedrückt, liegt Unbedingtheit nicht im augenblicklichen Zustand eines Menschen. Trotz überwältigender Energie seines augenblicklichen Wirkens erlahmt dieses Sosein plötzlich, zeigt sich vergeßlich und unverläßlich. Die Unbedingtheit liegt auch nicht im angeborenen Charakter, denn dieser kann sich verwandeln in einer Wiedergeburt. Unbedingtheit liegt auch nicht in dem, was man mythisch den Dämon des Menschen nennt, denn dieser ist treulos. Alle Weisen der Leidenschaft, des Daseinswillens, der Selbstbehauptung sind, obgleich übermächtig, im Augenblick noch nicht unbedingt, sondern bedingt und daher hinfällig.

Unbedingtheit ist also erst im Entschluß der Existenz, der durch Reflexion hindurchgegangen ist. Das heißt: Unbedingtheit ist nicht aus Sosein, sondern aus Freiheit, aber aus Freiheit, die gar nicht anders kann, nicht wegen Naturgesetzlichkeit, sondern aus ihrem transzendenten Grunde.

Das Unbedingte entscheidet, worauf zuletzt eines Menschen Leben ruht, ob es Gewicht hat oder nichtig ist. Das Unbedingte ist verborgen, nur im Grenzfall lenkt es durch stumme Entscheidung den Lebensweg, ist nie geradezu nachweisbar, während es doch in der Tat das Leben aus der Existenz allezeit trägt und ins Unendliche erhellbar ist.

Wie Bäume tief wachsen, wenn sie hoch ragen, so gründet tief im Unbedingten, wer ganz Mensch ist; das andere ist wie Gesträuch, das sich ausreißen und umpflanzen, gleichmachen und in Masse unverwüstlich halten läßt. Doch dieser Vergleich ist unangemessen, sofern nicht durch eine Steigerung, sondern durch einen Sprung in eine andere Dimension der Grund im Unbedingten ergriffen wird.

Zweitens: Ein zweiter Satz zur Charakterisierung des Unbedingten lautet: Unbedingtheit ist wirklich allein im Glauben, aus dem sie vollzogen wird, und für den Glauben, der sie sieht.

Das Unbedingte kann nicht nachgewiesen, nicht als Dasein in der Welt gezeigt werden – historische Beweise sind nur Hinweise. Was wir wissen, ist immer ein Bedingtes. Das, wovon wir erfüllt sind im Unbedingten, ist, gemessen am Nachweisbaren, wie nicht da. Eine nachgewiesene Unbedingtheit ist als solche nur eine starke Gewalt, ein Fanatismus, eine Wildheit oder ein Wahnsinn. Auf die Frage, ob es eigentliche Unbedingtheit gibt, hat in der Welt die skeptische Erörterung die allgemeine Überzeugungskraft.

Zum Beispiel: ob es Liebe gibt im Sinne des Unbedingten, verwurzelt in ewigem Grunde und nicht bloße menschliche Neigung und Hingerissenheit, Gewohnheit und Vertragstreue, das ist zweifelhaft. Ob eigentliche Kommunikation in liebendem Kampfe möglich ist, läßt sich leugnen. Was aufzeigbar ist, das ist gerade darum nicht unbedingt.

Drittens: Ein dritter Satz besagt: Das Unbedingte ist zeitlos in der Zeit.

Die Unbedingtheit des Menschen ist ihm nicht wie sein Dasein gegeben. Sie erwächst ihm in der Zeit. Erst wo im Menschen die Überwindung stattfindet und der Weg gegangen wird dorthin, wo der unbedingte Entschluß unbeirrbar wurde, kommt sie zu sich. Dagegen lassen eine von Anfang an bestehende Endgültigkeit, die abstrakte Unerschütterlichkeit der Seele, das bloß Dauerhafte den in seiner Unbedingtheit glaubwürdigen Menschen nicht fühlbar werden.

Die Unbedingtheit wird sich zeitlich offenbar in der Erfahrung der Grenzsituationen und in der Gefahr des Sichuntreuwerdens.

Aber das Unbedingte selber wird nicht ganz und gar zeitlich. Wo es ist, ist es zugleich quer zur Zeit. Wo es erworben ist, ist es doch als Ewigkeit des Wesens in jedem neuen Augenblick wie durch immer zu wiederholende Wiedergeburt ursprünglich. Darum: Wo die zeitliche Entwicklung zu einem Besitz geführt zu haben scheint, kann doch noch in einem Augenblick alles verraten sein. Wo umgekehrt seine Vergangenheit den Menschen als bloßes Sosein unter endlosen Bedingungen bis zur Vernichtung zu belasten scheint, kann er doch noch in jedem Augenblick gleichsam von vorn anfangen, indem er des Unbedingten plötzlich innewird.

Der Sinn der Unbedingtheit wurde mit diesen Erörterungen zwar umkreist, aber nicht in seinem Gehalt getroffen. Dieser wird erst offenbar aus dem Gegensatz von Gut und Böse.

Im Unbedingten ist eine Wahl vollzogen. Ein Entschluß wurde zur Substanz des Menschen. Er hat gewählt, was er in der Entscheidung zwischen Gut und Böse als das Gute versteht.

Gut und Böse wird auf drei Stufen unterschieden.

Erstens: Als böse gilt die unmittelbare und uneingeschränkte Hingabe an Neigungen und sinnliche Antriebe, an die Lust und das Glück dieser Welt, an das Dasein als solches, kurz: böse ist das Leben des Menschen, das im Bedingten bleibt, daher nur abläuft wie das Leben der Tiere, wohlgeraten oder mißraten, in der Unruhe des Anderswerdens, und das nicht entschieden wird.

Dagegen ist gut das Leben, das zwar nicht jenes Glück des Daseins verwirft, aber es unter die Bedingung des moralisch Gültigen stellt. Dieses moralisch Gültige wird verstanden als allgemeines Gesetz des moralisch richtigen Handelns. Diese Geltung ist das Unbedingte.

Zweitens: Gegenüber der bloßen Schwäche, die den Neigungen nachgibt, gilt als eigentlich böse erst die Verkehrung, wie Kant sie verstand, daß ich das Gute nur tue, wenn es mir keinen Schaden bringt oder doch nicht zuviel kostet, abstrakt gesagt: daß das Unbedingte der moralischen Forderung zwar gewollt, im Gehorsam gegen das Gesetz des Guten jedoch nur so weit befolgt wird, als es unter der Bedingung einer ungestörten Befriedigung der sinnlichen Glücksbedürfnisse möglich ist; nur unter dieser Bedingung, nicht unbedingt will ich gut sein. Diese Scheingüte ist sozusagen ein Luxus glücklicher Verhältnisse, in denen ich mir das Gutsein leisten kann. Im Falle des Konflikts zwischen moralischer Forderung und meinem Daseinsinteresse bin ich je nach der Größe dieses Interesses uneingestandenerweise vielleicht zu jeder Schandtat bereit. Um nicht selbst zu sterben, begehe ich auf Befehl Morde. Durch die

Gunst meiner Lage, die mir den Konflikt erspart, lasse ich mich über mein Bösesein täuschen.

Dagegen ist gut das Sichherausholen aus dieser Verkehrung des Bedingungsverhältnisses, die in der Unterwerfung des Unbedingten unter die Bedingungen des Daseinsglücks besteht, und damit die Rückkehr zur eigentlichen Unbedingtheit. Es ist die Verwandlung aus ständigem Selbstbetrug in der Unreinheit der Motive zu dem Ernst des Unbedingten.

Drittens: Als böse gilt erst der Wille zum Bösen, das heißt der Wille zur Zerstörung als solcher, der Antrieb zum Quälen, zur Grausamkeit, zur Vernichtung, der nihilistische Wille zum Verderben von allem, was ist und was Wert hat. Gut ist dagegen das Unbedingte, das die Liebe und damit der Wille zur Wirklichkeit ist.

Vergleichen wir die drei Stufen:

Auf der ersten Stufe ist das Verhältnis von Gut und Böse das moralische: die Beherrschung der unmittelbaren Antriebe durch den Willen, der den sittlichen Gesetzen folgt. Es steht – mit Kants Worten – die Pflicht gegen die Neigung.

Auf der zweiten Stufe ist das Verhältnis das ethische: die Wahrhaftigkeit der Motive. Es steht die Reinheit des Unbedingten gegen die Unreinheit in der Verkehrung des Bedingungsverhältnisses, in der faktisch das Unbedingte vom Bedingten abhängig wird.

Auf der dritten Stufe ist das Verhältnis das metaphysische: das Wesen der Motive. Es steht die Liebe gegen den Haß. Liebe drängt zum Sein, Haß zum Nichtsein. Liebe wächst aus dem Bezug auf Transzendenz, Haß sinkt zum selbstischen Punkt in der Loslösung von Transzendenz. Liebe wirkt als stilles Bauen in der Welt, Haß als laute, das Sein im Dasein auslöschende und das Dasein selbst vernichtende Katastrophe.

Jedesmal zeigt sich eine Alternative und damit die Forderung der Entscheidung. Der Mensch kann nur das eine oder das andere wollen, wenn er wesentlich wird. Er folgt der Neigung oder der Pflicht, er steht in der Verkehrung oder in der Reinheit seiner Motive, er lebt aus dem Haß oder aus der Liebe. Aber die Entscheidung kann er aussetzen. Statt zu entscheiden, schwanken und taumeln wir durch das Leben, verbinden das eine mit dem andern und erkennen dies gar an als notwendigen Widerspruch. Schon diese Unentschiedenheit ist böse. Es erwacht der Mensch erst, wenn er Gut und Böse unterscheidet. Er wird er selbst, wenn er in seinem Tun entschieden ist, wohin er will. Wir alle müssen ständig von neuem uns wiedergewinnen aus der Unentschiedenheit. Wir sind so wenig fähig, uns zum Guten zu vollenden, daß sogar die Kraft unserer uns hinreißenden Neigungen im Dasein unerläßlich ist für die Helligkeit der Pflicht; daß wir nicht umhin können, wenn wir wirklich lieben, gerade dann auch zu hassen, nämlich das, was das Geliebte bedroht, daß wir in die Verkehrung der Unreinheit gerade dann geraten, wenn wir unsere Motive gewiß für rein halten.

Die Entscheidung hat auf jeder der drei Stufen ihren eigenen Charakter. Moralisch meint der Mensch seinen Entschluß denkend als den richtigen zu begründen. Ethisch stellt er sich aus der Verkehrung durch eine Wiedergeburt seines guten Willens wieder her. Metaphysisch wird er sich bewußt, sich selbst geschenkt zu sein in seinem Liebenkönnen. Er wählt das Richtige, wird wahr in seinen Beweggründen, lebt aus der Liebe. Erst in der Einheit dieses Dreifachen geschieht die Verwirklichung des Unbedingten.

Aus der Liebe zu leben, das scheint alles andere einzuschließen. Wirkliche Liebe macht zugleich die sittliche Wahrheit ihres Tuns gewiß. Darum sagte Augustin: Liebe und tue, was du willst. Aber es ist uns Menschen unmöglich, etwa allein aus der Liebe, dieser Kraft der dritten Stufe, zu leben; denn wir geraten ständig in Abgleitungen und Verwechslungen. Daher dürfen wir uns auf unsere Liebe nicht blind und nicht für jeden Augenblick verlassen, sondern müssen sie erhellen. Und daher sind für uns endliche Wesen weiter unumgänglich die Disziplin des Zwangs, mit dem wir unsere Leidenschaften in unsere Gewalt bekommen, unumgänglich das Mißtrauen gegen uns selber wegen der Unreinheit unserer Motive. Wenn wir uns sicher fühlen, gehen wir gerade in die Irre.

Erst die Unbedingtheit des Guten erfüllt die bloßen Pflichten mit Gehalt, kann die sittlichen Motive zur Reinheit läutern, vermag den Vernichtungswillen des Hasses aufzulösen.

Der Grund der Liebe aber, in der das Unbedingte gegründet ist, ist eins mit dem Willen zur eigentlichen Wirklichkeit. Was ich liebe, von dem will ich, daß es sei. Und was eigentlich ist, das kann ich nicht erblicken, ohne es zu lieben.

6. Der Mensch

Was ist der Mensch? Er wird erforscht als Leib durch die Physiologie, als Seele durch die Psychologie, als Gemeinschaftswesen durch die Soziologie. Wir wissen vom Menschen als Natur, die wir erkennen wie die Natur anderer Lebewesen, und als Geschichte, die wir erkennen durch kritische Reinigung der Überlieferung, durch Verstehen des von Menschen in Tun und Denken gemeinten Sinnes und durch Erklären der Geschehnisse aus Motiven, Situationen, Naturrealitäten. Unsere Erforschung des Menschen hat vielerlei Wissen gebracht, aber nicht das Wissen vom Menschen im Ganzen.

Es ist die Frage, ob der Mensch überhaupt erschöpfend begriffen werden kann in dem, was von ihm wißbar ist. Oder ob er darüber hinaus etwas ist, nämlich Freiheit, die sich jeder gegenständlichen Erkenntnis entzieht, aber ihm doch als unentrinnbare Möglichkeit gegenwärtig ist.

In der Tat ist der Mensch sich zugänglich in der doppelten Weise: als Objekt der Forschung und als Existenz der aller Forschung unzugänglichen Freiheit. Im einen Falle sprechen wir vom Menschen als Gegenstand, im anderen Falle von dem Ungegenständlichen, das der Mensch ist und dessen er innewird, wenn er sich seiner selbst eigentlich bewußt ist. Was der Mensch ist, können wir nicht erschöpfen in einem Gewußtsein von ihm, sondern nur erfahren im Ursprung unseres Denkens und Tuns. Der Mensch ist grundsätzlich mehr, als er von sich wissen kann.

Unserer Freiheit sind wir uns bewußt, wenn wir Ansprüche an uns erkennen. Es liegt an uns, ob wir sie erfüllen oder ihnen ausweichen. Wir können im Ernste nicht bestreiten, daß wir etwas entscheiden und damit über uns selbst entscheiden, und daß wir verantwortlich sind.

Wer etwa versucht, das abzulehnen, kann konsequenterweise auch an andere Menschen keine Forderungen stellen. Als ein Angeklagter vor Gericht seine Unschuld damit begründete, daß er so geboren sei und nicht anders könne, daher nicht haftbar zu machen sei, antwortete der gut gelaunte Richter: das sei ebenso richtig wie die Auffassung vom Handeln des ihn strafenden Richters: nämlich auch dieser könne nicht anders, da er nun einmal so sei und notwendig nach den gegebenen Gesetzen so handeln müsse.

Sind wir unserer Freiheit gewiß, so wird alsbald ein zweiter Schritt zu unserer Selbsterfassung getan: der Mensch ist das gottbezogene Wesen. Was heißt das?

Wir haben uns nicht selbst geschaffen. Jeder kann von sich denken, es sei möglich gewesen, daß er nicht sei. Dies ist uns mit den Tieren gemeinsam. Aber dazu sind wir in unserer Freiheit, wo wir durch uns entscheiden und nicht einem Naturgesetz automatisch unterliegen, nicht durch uns selbst, sondern wir werden uns in unserer Freiheit geschenkt. Wir können, wenn wir nicht lieben, nicht wissen, was wir sollen, unsere Freiheit nicht erzwingen. Wenn wir frei entscheiden und erfüllt vom Sinn unser Leben ergreifen, so sind wir uns bewußt, uns nicht uns selbst zu verdanken. Auf der Höhe der Freiheit, auf der uns unser Tun notwendig erscheint, nicht durch äußeren Zwang des nach Naturgesetzen unausweichlichen Geschehens, sondern als inneres Einverständnis eines gar nicht anders Wollenden, dann sind wir in unserer Freiheit als uns von der Transzendenz gegeben bewußt. Je mehr der Mensch eigentlich frei ist, desto gewisser ist ihm Gott. Wo ich eigentlich frei bin, bin ich gewiß, daß ich es nicht durch mich selbst bin.

Wir Menschen sind uns niemals selbst genug. Wir drängen über uns hinaus und wachsen selber mit der Tiefe unseres Gottesbewußtseins, durch das wir zugleich uns durchsichtig werden in unserer Nichtigkeit.

Die Gottbezogenheit des Menschen ist nicht eine naturgegebene Eigenschaft. Weil sie nur ist ineins mit der Freiheit, leuchtet sie jedem einzelnen erst auf, wo er den Sprung vollzieht aus seiner bloß vitalen Daseinsbehauptung zu sich selbst, das heißt dorthin, wo er eigentlich frei von der Welt nun erst der Welt ganz offen wird, wo er unabhängig von der Welt sein kann, weil er gebunden an Gott lebt. Gott ist für mich in dem Maße, als ich eigentlich existiere.

Ich wiederhole noch einmal: der Mensch ist als Dasein in der Welt ein erkennbarer Gegenstand. Zum Beispiel wird er in den Rassentheorien in besonderen Artungen begriffen, in der Psychoanalyse in seinem Unbewußten und dessen Wirkungen, im Marxismus als durch Arbeit produzierendes Lebewesen, das durch seine Produktion Naturbeherrschung und Gemeinschaft, beides in einer vermeintlich vollendbaren Weise, gewinnt. Aber alle solche Erkenntniswege begreifen etwas am Menschen, etwas in der Tat Geschehendes, aber niemals den Menschen im Ganzen. Indem solche Forschungstheorien sich zu absoluter Erkenntnis des ganzen Menschen steigern – und sie alle haben es getan –, verlieren sie den eigentlichen Menschen aus dem Auge und bringen in den an diese Theorien Glaubenden das Bewußtsein vom Menschen und schließlich die Menschlichkeit selbst bis an die Grenze des Verlöschens – das Menschsein, das Freiheit ist und Gottbezogenheit.

Es ist von höchstem Interesse, den Erkenntnissen vom Menschen zu folgen, und es ist lohnend, wenn es mit wissenschaftlicher Kritik geschieht. Dann weiß man methodisch, was und wie und in welchen Grenzen man etwas weiß und wie wenig es ist, wenn man es an der Gesamtheit des Möglichen mißt, und wie radikal unzugänglich diesem Erkennen das eigentliche Menschsein bleibt. Dann sind die Gefahren abgewendet, die in den Verschleierungen des Menschen durch Scheinwissen von ihm erwachsen.

Im Wissen um die Grenzen des Wissens vertrauen wir uns um so klarer der Führung an, die wir für unsere Freiheit durch die Freiheit selbst finden, wenn sie auf Gott bezogen ist.

Das ist die große Frage des Menschseins, woher der Mensch seine Führung hat. Denn gewiß ist: sein Leben läuft nicht wie das der Tiere in der Folge der Generationen nur in naturgesetzlich gleichen Wiederholungen ab, sondern die Freiheit des Menschen eröffnet ihm mit der Unsicherheit seines Seins zugleich die Chancen, noch zu werden, was er eigentlich sein kann. Dem Menschen ist gegeben, aus Freiheit mit seinem Dasein gleichsam wie mit einem Material umzugehen. Er erst hat daher Geschichte, das heißt er lebt statt nur aus seinem biologischen Erbe aus der Überlieferung. Des Menschen Dasein läuft nicht nur ab wie Naturgeschehen. Seine Freiheit aber ruft nach Führung.

Daß die Führung durch eine Gewalt von Menschen über Menschen ersetzt wird, erörtern wir hier nicht. Wir fragen nach der letzten Führung des Menschen. Die These philosophischen Glaubens ist: der Mensch kann in Führung durch Gott leben. Was das heißt, haben wir zu klären.

Im Unbedingten glauben wir die Führung durch Gott zu spüren. Aber wie ist das möglich, wenn Gott nicht leibhaftig, in keiner Weise eindeutig als Gott selber da ist? Wenn Gott führt: wodurch hört der Mensch, was Gott will? Gibt es eine Begegnung des Menschen mit Gott? Wie vollzieht sie sich?

In autobiographischen Schilderungen wird berichtet, wie in Entscheidungsfragen des Lebenswegs nach langen Zweifeln plötzliches Gewißsein eintritt. Diese Gewißheit ist nach ratlosem Schwanken die Freiheit des Handelnkönnens. Aber je entschiedener sich der Mensch in der Klarheit dieser Gewißheit frei weiß, desto heller wird ihm auch die Transzendenz, durch die er ist.

Kierkegaard vollzog seine Selbstreflektion alle Tage in bezug auf Gottes Führung derart, daß er ständig sich in Gottes Hand wußte: durch das von ihm Getane und durch das in der Welt ihm Geschehende hörte er Gott und erfuhr doch jedes Gehörte in seiner Vieldeutigkeit. Nicht eine Führung in Greifbarkeit und eindeutigem Gebotensein lenkte ihn, sondern die Führung durch die Freiheit selbst, die sich entschieden, weil im transzendenten Grunde gebunden weiß.

Die Führung durch die Transzendenz ist anders als jede Führung in der Welt, denn es gibt nur eine Weise der Führung durch Gott. Sie geschieht auf dem Wege über die Freiheit selbst. Gottes Stimme liegt in dem, was dem einzelnen Menschen aufgeht in Selbstvergewisserung, wenn er aufgeschlossen ist für alles, was aus Überlieferung und Umwelt an ihn herantritt.

Der Mensch wird geführt im Medium seines Urteils über sein eigenes Tun. Dieses Urteil hemmt oder treibt an, korrigiert oder bestätigt. Die Stimme Gottes als Urteil über des Menschen Tun hat keinen andern Ausdruck in der Zeit als in diesem Urteil des Menschen über seine Gefühle, Motive, Handlungen. In der freien, redlichen Weise des urteilenden Selbstwahrnehmens, in Selbstanklage, in Selbstbejahung findet der Mensch indirekt nie endgültig und immer auch noch zweideutig Gottes Urteil.

Daher ist das menschliche Urteil von vornherein im Irrtum, wenn der Mensch darin Gottes Stimme selber endgültig zu finden oder sich auf sich darin verlassen zu können meint. Unerbittlich müssen wir durchschauen unsere Eigenmächtigkeit schon in der Selbstzufriedenheit unseres moralischen Handelns und gar unseres vermeintlichen Rechthabens.

In der Tat kann der Mensch nie im ganzen und endgültig mit sich zufrieden sein; im Urteil über sich kann er sich nicht auf sich allein stützen. Er verlangt aber notwendig nach einem Urteil seiner Mitmenschen über sein Tun. Dabei ist er empfindlich für den Rang der Menschen, deren Urteil er erfährt. Weniger berührt ihn, was der Durchschnitt und die Menge und was Abgeglittene und was verwahrloste Institutionen sagen; auch dies ist ihm nicht gleichgültig. Aber das entscheidende Urteil ist am Ende auch nicht das der ihm wesentlichen Menschen, obgleich dieses das einzige in der Welt zugängliche ist; entscheidend wäre das Urteil Gottes.

Die volle Eigenmächtigkeit des Einzelnen im Urteil über sich tatsächlich ist kaum je wirklich gewesen. Immer liegt ihm wesentlich am Urteil eines anderen. So lebt die heroische Haltung der Primitiven, welche unbeirrbar tapfer in den Tod gehen, doch im Blick auf andere: daß ihr Ruhm unvergänglich sei, ist der Trost der sterbenden Helden der Edda.

Anders der eigentliche einsame Heroismus, der weder in der Gemeinschaft gestützt ist, noch Nachruhm im Auge hat. Dieses echte Auf-sich-selber-Stehen ist vielleicht getragen von dem Einklang eines glücklich gearteten Wesens mit sich selbst, zehrt vielleicht unbewußt noch von einer geschichtlich überlieferten Substanz als der erinnerten Gemeinschaft, findet jedoch für sein Bewußtsein nichts in der gegenwärtigen Welt, an das es sich hält. Aber wenn dieser Heroismus nicht ins Nichts versinkt, so weist er auf eine tiefe Bindung in dem, was eigentlich ist, und das ausgesprochen statt des Urteils des Menschen das Urteil Gottes wäre.

Wenn die Wahrheit des führenden Urteils allein auf dem Wege über die Selbstüberzeugung sich zeigt, so in zwei Formen: als *allgemeingültige Forderung* und als *geschichtlicher Anspruch.*

Die allgemeingültigen sittlichen Forderungen sind der Einsicht überzeugend. Seit den Zehn Geboten sind sie eine Form der Gegenwart Gottes. Diese Forderungen können zwar anerkannt und befolgt werden ohne Gottesglauben in herber Beschränkung auf das, was der Mensch von sich aus tun kann. Aber der Ernst des Gehorsams gegen das in Freiheit einsichtige sittliche Gebot pflegt verbunden zu sein mit dem Hören der Transzendenz gerade in dieser Freiheit.

Aus dem allgemeinen Gebot und Verbot läßt sich jedoch das Handeln in der konkreten Situation nicht zureichend ableiten. Vielmehr liegt in der geschichtlich je gegenwärtigen Situation die Führung durch die unmittelbare und unableitbare Forderung des So-tun-Müssens. Was der Einzelne hier als das, was er soll, zu hören glaubt, bleibt aber in aller Gewißheit fraglich. Im Wesen dieses Hörens auf Gottes Führung liegt das Wagnis des Verfehlens, daher die Bescheidung. Diese schließt die Sicherheit in der Gewißheit aus, verbietet die Verallgemeinerung des eigenen Tuns zur Forderung für alle und verwehrt den Fanatismus. Auch die reinste Klarheit des Weges, wie er unter Gottes Führung gesehen wird, darf daher nicht zu der Selbstgewißheit führen, daß der Weg der einzige wahre für alle sei.

Denn es kann in der Folge immer alles noch anders aussehen. In der Helle kann doch ein Irrweg beschritten sein. Selbst in der Gewißheit des Entschlusses muß, soweit er in der Welt erscheint, eine Schwebe bleiben. Denn der Hochmut des absolut Wahren ist die eigentlich vernichtende Gefahr für die Wahrheit in der Welt. In der augenblicklichen Gewißheit ist die Demut der bleibenden Frage unerläßlich.

Erst im Rückblick kann das große Staunen möglich sein angesichts einer unbegreiflichen Führung. Aber auch da ist es nie gewiß, wird die Führung Gottes nicht zu einem Besitz.

Psychologisch gesehen, ist die Stimme Gottes nur in hohen Augenblicken wahrnehmbar. Aus ihnen her und zu ihnen hin leben wir.

Wenn der Mensch die Führung durch Transzendenz erfährt, ist dann Transzendenz für ihn wirklich? Wie verhält er sich zu ihr?

Der Bezug unseres Wesens auf Transzendenz kann in der Kargheit des Anschauungslosen doch von alles entscheidendem Ernst sein. Aber als Menschen in unserer Welt drängen wir doch auf Stützpunkte unserer Gewißheit in einer Anschaulichkeit. Die in der Welt höchste Anschaulichkeit ist die Kommunikation von Persönlichkeit zu Persönlichkeit. Daher wird der Bezug auf Transzendenz – wenn wir das Ungemäße vollziehen – anschaulich gegenwärtig in der Begegnung mit dem persönlichen Gott. Die Gottheit wird zu uns gezogen in ihrem Aspekt des Persönlichseins, und zugleich steigern wir uns zu einem Wesen, das mit diesem Gott sprechen dürfe.

In der Welt wollen die Mächte uns beherrschen, die uns zu Boden werfen: die Furcht vor der Zukunft, die angstvolle Bindung an den gegenwärtigen Besitz, die Sorge angesichts der schrecklichen Möglichkeiten. Gegen sie kann der Mensch angesichts des Todes vielleicht ein Vertrauen gewinnen, das noch im Äußersten, Undeutbaren, Sinnfremdesten doch in Ruhe sterben läßt.

Das Vertrauen zum Seinsgrunde kann als zweckfreier Dank, als Ruhe im Glauben an Gottes Sein sich aussprechen.

Im Leben ist unserer Freiheit zumute, als ob wir von dort Hilfe erführen.

Helfer und Widersacher sieht die Vielgötterei in Göttern und Dämonen. »Ein Gott tat es«, ist das Bewußtsein den Ereignissen und den eigenen Handlungen gegenüber; ein solches Bewußtsein steigert und heiligt sie, aber läßt sie auch sich zerstreuen in der Mannigfaltigkeit der vitalen und geistigen Daseinsmöglichkeiten.

Die Hilfe Gottes dagegen im eigentlichen Selbstsein, das sich darin radikal abhängig weiß, ist die Hilfe des Einen. Wenn Gott ist, gibt es keine Dämonen.

Diese Hilfe Gottes wird oft in einem bestimmten Sinn eingeschlossen und damit verfehlt. So, wenn das Gebet – als Begegnung mit dem unsichtbaren Gotte – abgleitet von der stillsten sprachlos werdenden Kontemplation, über die Leidenschaft des Suchens der Hand des persönlichen Gottes, bis zum Anruf dieses Gottes für Zwecke des Daseinsbegehrens.

Dem Menschen, dem das Leben transparent wurde, sind alle Möglichkeiten, darunter auch die Situationen der ausweglosen Vernichtung von Gott geschickt. Dann ist eine jede Situation Aufgabe für die Freiheit des Menschen, der darin steht, wächst und scheitert. Die Aufgabe ist aber nicht als immanentes Glücksziel zureichend bestimmbar, sondern erst klar durch die Transzendenz, diese einzige Wirklichkeit, und die in ihr offenbar werdende Unbedingtheit der Liebe, die aus ihrer Vernunft unendlich aufgeschlossen sieht, was ist, und in den Realitäten der Welt die Chiffern der Transzendenz zu lesen vermag.

Priester erheben wohl den Vorwurf der hochmütigen Eigenmächtigkeit des Einzelnen, der sich philosophierend auf Gott bezieht. Sie verlangen Gehorsam gegen den offenbarten Gott. Ihnen ist zu antworten: der philosophierende Einzelne glaubt, wo er aus der Tiefe entschieden ist, Gott zu gehorchen, ohne in objektiver Garantie zu wissen, was Gott will, vielmehr in ständigem Wagnis. Gott wirkt durch freie Entschlüsse der Einzelnen.

Die Priester verwechseln Gehorsam gegen Gott mit dem Gehorsam gegen in der Welt vorkommende Instanzen der Kirche, der Bücher und Gesetze, die als direkte Offenbarung gelten.

Schließlich ist zwar eine wahre Koinzidenz zwischen dem Gehorsam gegen objektive Instanzen in der Welt und gegen den ursprünglich erfahrenen Willen Gottes möglich. Aber um diese Koinzidenz muß gerungen werden.

Wird der vom Einzelnen erfahrene Wille Gottes ausgespielt gegen die objektiven Instanzen, so ist es die Verführung zur Willkür, auszuweichen vor der Prüfung am Allgemeinen und Gemeinschaftlichen. Wird dagegen umgekehrt die objektive Instanz ausgespielt gegen den vom Einzelnen erfahrenen Willen Gottes, so ist die Verführung, auszuweichen vor dem Wagnis, Gott gehorsam zu sein, auch gegen die objektiven Instanzen im Hören seines Willens aus der Wirklichkeit selber.

Es gibt eine Ratlosigkeit im Greifen nach dem Halt in vertrauenswürdigen Gesetzen und Befehlen einer Autorität. Es gibt dagegen die sich aufschwingende Energie der Verantwortung des Einzelnen im Hören aus dem Ganzen der Wirklichkeit.

Der Rang des Menschseins liegt an der Tiefe, aus der es in diesem Hören seine Führung gewinnt.

Menschsein ist Menschwerden.

7. Die Welt

Wir nennen Realität, was uns gegenwärtig ist in der Praxis, was im Umgang mit den Sachen, mit dem Lebendigen und mit den Menschen Widerstand ist oder Stoff wird. Wir lernen die Realität kennen im alltäglichen Verkehr, dann im handwerklichen Können, im technischen Einrichten, dann im geschulten Umgang mit Menschen, dem methodischen Ordnen und Verwalten.

Was in der Praxis begegnet, wird in wissenschaftlicher Erkenntnis geklärt und als Wissen von der Realität wiederum für neue Praxis zur Verfügung gestellt.

Aber Wissenschaft von der Realität geht von vornherein über die unmittelbaren Interessen des Daseins hinaus. Sie hat in der Praxis, die immer zugleich Kampf ist, in dieser Erfahrung der Meisterung der Widerstände nur einen ihrer Ursprünge. Der Mensch will wissen, was wirklich ist, unabhängig von allem praktischen Interesse. Ein tieferer Ursprung der Wissenschaften ist die reine, hingebende Kontemplation, das sehende Sichvertiefen, das Hören auf die Antworten aus der Welt.

Wissen ist wissenschaftlich durch Methode, durch systematische Einheit alles jeweils Gewußten, das heißt durch Fortschreiten über das vielerlei Zerstreute zu den Prinzipien, in denen es zusammenhängt.

Dieses Wissen von der Realität scheint sich abzuschließen im Weltbild. Die gesamte Realität soll als eine einzige überall in sich bezogene Welt, als das Weltganze im Weltbild vor Augen treten. Wenn dieses auch jederzeit unvollständig und korrekturbedürftig sei, meint man, so sei es doch jederzeit das Ergebnis des Erkennens und sei im Prinzip erreichbar als die Gestalt, in der das Sein als Realität im Ganzen zugänglich wird. Das Weltbild soll die Gesamtheit des in sich zusammenhängenden Wissens umfassen. Weltbilder standen am Anfang des menschlichen Erkennens; und ein Weltbild will jederzeit der Erkennende, um des Ganzen in einem gewiß zu sein.

Nun ist es merkwürdig und folgenreich, daß das Suchen nach einem umfassenden Weltbilde, in dem die Welt ein Ganzes wird und sich schließt, daß dieses so selbstverständliche Begehren nach einer totalen Weltanschauung auf einem grundsätzlichen Irrtum beruht, der erst in neuerer Zeit ganz durchsichtig geworden ist.

Denn die kritische Wissenschaft lehrt in ihrem Fortgang, daß nicht nur bisher jedes Weltbild als falsch zusammengebrochen ist, sondern daß die systematischen Einheiten des Erkennens, die in der Tat Aufgabe der Wissenschaften sind, mehrfach und grundsätzlich in ihrer Wurzel verschieden werden. Das geschieht um so klarer, je fruchtbarer die Erkenntnis wird. Während die Einheiten universaler werden – vor allem in der Physik –, zeigen sich um so entschiedener die Sprünge zwischen den Einheiten, zwischen der physikalischen Welt, der Welt des Lebens, der Welt der Seele, der Welt des Geistes. Zwar stehen diese Welten in einem Zusammenhang. Sie sind geordnet in einer Stufenfolge, derart, daß die Realität der späteren Stufe zu ihrem Dasein die der früheren voraussetzt, während die Realität der früheren ohne die der späteren bestehen zu können scheint, zum Beispiel: kein Leben ohne Materie, wohl aber Materie ohne Leben. Es wurden vergebliche Versuche gemacht, die späteren aus den früheren abzuleiten, wobei jedesmal nur um so deutlicher am Ende der Sprung zutage trat. Das eine Ganze der Welt, zu der alle die erkenntnismäßig erforschbaren Einheiten gehören, ist selber keine Einheit, die etwa einer umfassenden Theorie unterworfen werden, als eine Idee der Forschung voranleuchten könnte. Es gibt kein Weltbild, sondern nur eine Systematik der Wissenschaften.

Weltbilder sind immer partikulare Erkenntniswelten, die fälschlich zum Weltsein überhaupt verabsolutiert wurden. Aus verschiedenen grundsätzlichen Forschungsideen erwachsen je besondere Perspektiven. Jedes Weltbild ist ein Ausschnitt aus der Welt; die Welt wird nicht zum Bilde. Das »wissenschaftliche Weltbild« im Unterschied vom mythischen war selber jederzeit ein neues mythisches Weltbild mit wissenschaftlichen Mitteln und dürftigem, mythischem Gehalt.

Die Welt ist kein Gegenstand, wir sind immer in der Welt, haben Gegenstände in ihr, aber nie sie selbst zum Gegenstand. So weit auch unsere methodisch untersuchenden Horizonte reichen, zumal in dem astronomischen Bilde der Sternnebel, unter denen unsere

Milchstraße mit ihren Milliarden Sonnen nur einer unter Millionen ist, und in dem mathematischen Bild der universalen Materie, was immer wir hier sehen, das sind Aspekte der Erscheinungen, ist nicht der Grund der Dinge, nicht die Welt im Ganzen.

Die Welt ist ungeschlossen. Sie ist nicht aus sich selbst erklärbar, sondern in ihr wird eines aus dem anderen ins Unendliche erklärt. Niemand weiß, an welche Grenze eine künftige Forschung noch dringen wird, welche Abgründe sich ihr noch auftun werden.

Verzicht auf ein Weltbild ist schon eine Forderung der wissenschaftlichen Kritik, dann aber eine Voraussetzung philosophischen Seinsinnewerdens. Die Voraussetzung des philosophischen Seinsbewußtseins ist zwar die Bekanntschaft mit allen Richtungen wissenschaftlicher Welterforschung. Aber der verborgene Sinn des wissenschaftlichen Weltwissens scheint doch zu sein, durch das Forschen an die Grenze zu kommen, wo dem hellsten Wissen der Raum des Nichtwissens offen wird. Denn allein das vollendete Wissen kann das eigentliche Nichtwissen erwirken. Dann zeigt sich, was eigentlich ist, statt in einem gewußten Weltbilde vielmehr im erfüllten Nichtwissen, und zwar allein auf diesem Wege wissenschaftlichen Erkennens, nicht ohne es und nicht vor ihm. Die Leidenschaft des Erkennens ist es, durch seine höchste Steigerung gerade dorthin zu gelangen, wo das Erkennen scheitert. Im Nichtwissen, aber nur im erfüllten, erworbenen Nichtwissen liegt eine unersetzliche Quelle unseres Seinsbewußtseins.

Was Realität der Welt sei, klären wir uns auf einem anderen Wege. Das Erkennen mit wissenschaftlichen Methoden ist unter den allgemeinen Satz zu bringen: Alles Erkennen ist *Auslegung*. Das Verfahren beim Verstehen von Texten ist ein Gleichnis für alles Auffassen vom Sein. Dieses Gleichnis ist nicht zufällig.

Denn alles Sein haben wir nur im Bedeuten. Wenn wir es aussagen, haben wir es in der Bedeutung des Gesprochenen; und erst was in der Sprache getroffen wird, haben wir auf der Ebene der Wißbarkeit ergriffen. Aber schon vor unserm Sprechen ist in der Sprache des praktischen Umgangs mit den Dingen Sein für uns im Bedeuten; es ist jeweils bestimmt nur, indem es auf anderes verweist. Sein ist für uns im Zusammenhang seines Bedeutens. Sein und Wissen um Sein, das Seiende und unsere Sprache vom Seienden sind daher ein Geflecht mannigfachen Bedeutens. Alles Sein für uns ist Ausgelegtsein.

Bedeuten schließt in sich die Trennung von etwas, das ist, von dem, das es bedeutet, wie das Bezeichnete vom Zeichen. Wenn das Sein als Ausgelegtsein begriffen ist, so scheint auf dieselbe Weise getrennt werden zu müssen: Auslegung legt etwas aus; unserer Auslegung steht das Ausgelegte, das Sein selber gegenüber. Aber diese Trennung gelingt nicht. Denn es bleibt für uns nichts Bestehendes, geradezu Wißbares, das nur ausgelegt würde und nicht selber schon Auslegung wäre. Was immer wir wissen, es ist nur ein Lichtkegel unseres Auslegens in das Sein oder das Ergreifen einer Auslegungsmöglichkeit. Das Sein im Ganzen muß so beschaffen sein, daß es alle diese Auslegungen für uns ins Unabsehbare ermöglicht.

Aber die Auslegung ist nicht willkürlich. Sie ist als richtige von einem objektiven Charakter. Das Sein erzwingt diese Auslegungen. Alle Seinsweisen für uns sind zwar Weisen des Bedeutens, aber doch auch Weisen notwendigen Bedeutens. Die Kategorienlehre als die Lehre von den Strukturen des Seins entwirft daher die Seinsweisen als Bedeutungsweisen, zum Beispiel als Kategorien des »Gegenständlichen« in Identität, Beziehung, Grund und Folge oder als Freiheit oder als Ausdruck usw.

Alles Sein in seinem Bedeuten ist für uns wie eine nach allen Seiten sich erweiternde Spiegelung.

Auch die Weisen der Realität sind Weisen des Ausgelegtseins. Auslegung heißt, daß das Ausgelegte nicht die Wirklichkeit des Seins an sich selber ist, sondern eine Weise, die das Sein darbietet. Absolute Wirklichkeit ist nicht durch eine Auslegung geradezu zu treffen. Es ist jedesmal eine Verkehrung unseres Wissens, wenn der Inhalt einer Auslegung für die Wirklichkeit selber gehalten wird.

Den Charakter der Realität der Welt können wir grundsätzlich aussprechen als die *Erscheinungshaftigkeit* des Daseins. Was wir bisher erörterten: das Schwebende aller Weisen der Realität, der Charakter der Weltbilder als nur relativer Perspektiven, der Charakter des Erkennens als Auslegung, das Gegebensein des Seins für uns in

Subjekt-Objekt-Spaltung, diese Grundzüge des uns möglichen Wissens bedeuten: alle Gegenstände sind nur Erscheinungen; kein erkanntes Sein ist das Sein an sich und im Ganzen. Die Erscheinungshaftigkeit des Daseins ist von Kant zu voller Klarheit gebracht. Wenn sie auch nicht zwingend, weil selber nicht gegenständlich, sondern nur transzendierend einsehbar ist, so kann eine Vernunft, die überhaupt zu transzendieren vermag, sich ihr nicht entziehen. Dann aber bringt sie nicht zu bisherigem Wissen ein neues einzelnes Wissen hinzu, sondern erwirkt einen Ruck des Seinsbewußtseins im Ganzen. Daher das plötzliche, aber dann unverlierbare Licht, das im philosophischen Denken des Weltseins aufgeht. Bleibt es aus, so bleiben die Sätze im Grunde unverstanden, weil unvollzogen.

Nicht nur die absoluten Weltbilder sind dahin. Die Welt ist ungeschlossen und für das Erkennen in Perspektiven zerrissen, weil nicht auf ein einziges Prinzip zu bringen. Das Weltsein im Ganzen ist kein Gegenstand des Erkennens.

Wir vertiefen unsere Vergewisserung des Weltseins in Hinsicht auf unsere frühere Vergewisserung von Gott und Existenz zu dem Satze: Die Realität in der Welt hat *ein verschwindendes Dasein zwischen Gott und Existenz.*

Der Alltag scheint das Gegenteil zu lehren: uns Menschen gilt die Welt oder etwas in der Welt als absolut. Und man kann vom Menschen, der so vieles zum letzten Inhalt seines Wesens gemacht hat, mit Luther sagen: woran du dich hältst, worauf du setzest, das ist eigentlich dein Gott. Der Mensch kann nicht anders als etwas absolut nehmen, mag er es wollen und wissen oder nicht, mag er es zufällig und wechselnd oder entschieden und kontinuierlich tun. Für den Menschen gibt es gleichsam den Ort des Absoluten. Dieser Ort ist für ihn unumgehbar. Er muß ihn ausfüllen.

Die Geschichte der Jahrtausende zeigt wunderbare Erscheinungen von Menschen, die die Welt überschritten. Indische Asketen – und einzelne Mönche in China und im Abendland – verließen die Welt, um in weltloser Meditation des Absoluten innezuwerden. Die Welt war wie verschwunden, das Sein – von der Welt her gesehen das Nichts – alles.

Chinesische Mystiker befreiten sich vom haftenden Begehren in der Welt zu reiner Beschauung, in der ihnen alles Dasein Sprache wurde, transparent, verschwindende Erscheinung des Ewigen und unendliche Allgegenwart seines Gesetzes. Ihnen tilgte sich die Zeit in der Ewigkeit zur Gegenwärtigkeit der Sprache der Welt.

Abendländische Forscher, Philosophen, Dichter, selten auch Täter, gingen durch die Welt, als ob sie, in aller Bindung an sie, ständig wie von außen her kämen. Aus einer fernen Heimat stammend, fanden sie in der Welt sich und die Dinge und überschritten in innigster Nähe zu ihnen die zeitliche Erscheinung zugunsten ihrer Erinnerung des Ewigen.

An die Welt gebunden, neigen wir anderen, die jenen Boden im Sein nicht mit eindeutiger Gewißheit der Lebenspraxis und des Wissens gefunden haben, zur Abschätzung der Welt:

Die Welt als eine Seinsharmonie zu erblicken, dazu verführt in glücklichen Situationen der Zauber der weltlichen Erfüllung. Dagegen empört sich die Erfahrung des entsetzlichen Unheils und die dieser Realität ins Angesicht blickende Verzweiflung. Ihr Trotz stellt gegen die Seinsharmonie den Nihilismus im Satz: alles ist Unsinn.

Unbefangene Wahrhaftigkeit muß sowohl die Seinsharmonie wie die nihilistische Zerrissenheit in ihrer Unwahrheit durchschauen. In beiden steckt ein Totalurteil, und jedes Totalurteil über die Welt und die Dinge beruht auf unzureichendem Wissen. Gegen die Fixierung der entgegengesetzten Totalurteile aber ist uns Menschen aufgegeben, bereit zu sein zum unablässigen Hören auf Ereignis, Schicksal und eigenes Getanhaben im zeitlichen Gang des Lebens. Solche Bereitschaft schließt in sich zwei Grunderfahrungen:

Erstens die Erfahrung der absoluten Transzendenz Gottes zur Welt: der verborgene Gott rückt in immer größere Ferne, wenn ich ihn allgemein und für immer fassen und begreifen möchte; er ist unberechenbar nah durch absolut geschichtliche Gestalt seiner Sprache in je einmaliger Situation.

Zweitens die Erfahrung der Sprache Gottes in der Welt: das Weltsein ist nicht an sich, sondern in ihm geschieht in bleibender Vieldeutigkeit die Sprache Gottes, die nur geschichtlich ohne Verallgemeinerung im Augenblick für Existenz eindeutig werden kann.

Freiheit für das Sein sieht die Welt an sich, so wie sie ist, nicht als das letzte. In ihr trifft sich, was ewig ist und zeitlich erscheint.

Aber ewiges Sein erfahren wir doch nicht außer dem, das reale zeitliche Erscheinung für uns wird. Weil, was für uns ist, in der Zeitlichkeit des Weltseins erscheinen muß, gibt es kein direktes Wissen von Gott und der Existenz. Es gibt hier nur den Glauben.

Die Glaubensgrundsätze – Gott ist; es gibt die unbedingte Forderung; der Mensch ist endlich und unvollendbar; der Mensch kann in Führung durch Gott leben – lassen uns ihre Wahrheit nur fühlbar werden, insofern in ihnen mitschwingt ihre Erfüllung in der Welt als Sprache Gottes. Sollte Gott, die Welt gleichsam umgehend, direkt sich der Existenz nahen, so ist, was geschieht, inkommunikabel. Alle Wahrheit der allgemeinen Grundsätze spricht in einer Gestalt der Überlieferung und der im Leben erworbenen Besonderung; das einzelne Bewußtsein ist in diesen Gestalten zu dieser Wahrheit erwacht; die Eltern haben es gesagt. Es spricht eine unendliche geschichtliche Tiefe der Herkunft von Formeln: »um seines heiligen Namens willen« ... »Unsterblichkeit« ... »Liebe« ...

Je allgemeiner die Glaubensgrundsätze, desto weniger geschichtlich sind sie. Sie erheben den hohen Anspruch rein in der Abstraktion. Aber mit solchen Abstraktionen allein kann kein Mensch leben, sie bleiben im Versagen konkreter Erfüllung nur als ein Minimum, an dem Erinnerung und Hoffnung einen Leitfaden haben. Sie haben zugleich eine säubernde Kraft: sie machen frei von Fesseln der bloßen Leibhaftigkeit und von abergläubischen Engen für das Aneignen der großen Überlieferung zugunsten gegenwärtiger Verwirklichung.

Gott ist das Sein, an das restlos mich hinzugeben die eigentliche Weise der Existenz ist. An was ich mich hingebe in der Welt, bis zum Einsatz meines Lebens, das steht in bezug auf Gott, unter der Bedingung von Gottes geglaubtem Willen, unter ständiger Prüfung. Denn in blinder Hingabe dient der Mensch gedankenlos der Macht, die nur faktisch, nicht durchhellt, über ihm ist, dient schuldhaft (infolge seines Mangels an Sehen, Fragen, Denken) vielleicht dem »Teufel«.

In der Hingabe an Realität in der Welt – das unerläßliche

Medium der Hingabe an Gott – wächst das Selbstsein, das sich zugleich in dem behauptet, an das es sich hingibt. Wenn aber alles Dasein eingeschmolzen wurde in die Realität, in Familie, Volk, Beruf, Staat, in die Welt, und wenn dann die Realität dieser Welt versagt, dann wird die Verzweiflung des Nichts nur dadurch besiegt, daß auch gegen alles bestimmte Weltsein die entscheidende Selbstbehauptung vollzogen wurde, die allein vor Gott steht und aus Gott ist. Erst in der Hingabe an Gott, nicht an die Welt, wird dieses Selbstsein selber hingegeben und als Freiheit empfangen, es in der Welt zu behaupten.

Zum verschwindenden, zwischen Gott und Existenz sich vollziehenden Weltsein gehört ein Mythus, der – in biblischen Kategorien – die Welt als Erscheinung einer transzendenten Geschichte denkt: Von der Weltschöpfung über den Abfall und dann durch die Schritte des Heilsgeschehens bis zum Weltende und zur Wiederherstellung aller Dinge. Für diesen Mythus ist die Welt nicht aus sich, sondern ein vorübergehendes Dasein im Gang eines überweltlichen Geschehens. Während die Welt etwas Verschwindendes ist, ist die Wirklichkeit in diesem Verschwinden Gott und Existenz.

Was ewig ist, erscheint in der Weltzeit. So weiß um sich auch der Mensch als einzelner. Diese Erscheinung hat den paradoxen Charakter, daß in ihr für sie noch entschieden wird, was in sich ewig ist.

8. Glaube und Aufklärung

Wir haben philosophische Glaubensgrundsätze ausgesprochen: Gott ist; es gibt die unbedingte Forderung; der Mensch ist endlich und unvollendbar; der Mensch kann in Führung durch Gott leben; die Realität der Welt hat ein verschwindendes Dasein zwischen Gott und Existenz. Die fünf Sätze stärken sich gegenseitig und treiben sich wechselweise hervor. Aber jeder hat seinen eigenen Ursprung in einer Grunderfahrung der Existenz.

Keiner dieser fünf Grundsätze ist beweisbar wie ein endliches Wissen von Gegenständen in der Welt. Ihre Wahrheit ist nur »aufweisbar« durch Aufmerksammachen oder »erhellbar« durch eine Gedankenführung oder zu »erinnern« durch Appell. Sie sind nicht als ein Bekenntnis gültig, sondern bleiben trotz der Kraft ihres Geglaubtseins in der Schwebe des Nichtgewußtseins. Ich folge ihnen nicht, indem ich im Bekennen einer Autorität gehorche, sondern indem ich ihrer Wahrheit mit meinem Wesen selbst mich nicht entziehen kann.

Es besteht eine Scheu vor dem glatten Aussprechen der Sätze. Sie werden zu schnell wie ein Wissen behandelt und haben darin ihren Sinn verloren. Sie werden als Bekenntnis zu leicht an die Stelle der Wirklichkeit gesetzt. Sie wollen zwar mitgeteilt sein, damit Menschen sich in ihnen verstehen, damit sie in Kommunikation vergewissert werden, damit sie erwecken, wo ein entgegenkommendes Sein es will. Aber sie verführen durch Eindeutigkeit der Aussage zu einem Scheinwissen.

Zum Aussagen gehört Diskussion. Denn wo wir denken, da ist sogleich die doppelte Möglichkeit: wir können das Wahre treffen oder verfehlen. Daher ist mit allen positiven Aussagen die Abwehr des Irrtums verbunden, geschieht neben dem ordnungsgemäßen Aufbau des Gedachten die Verkehrung. Die entwickelnde Darstellung des Positiven muß daher durchdrungen sein von negativen Urteilen, von Abgrenzung und Abwehr. Solange aber philosophiert wird, ist dieser Kampf der Diskussion nicht Kampf um Macht, sondern Kampf als Weg des Hellwerdens im Infragegestelltsein, Kampf um Klarheit des Wahren, in dem alle Waffen des Intellekts dem Gegner ebenso zur Verfügung gestellt werden wie dem Ausdruck des eigenen Glaubens.

Zur direkten Aussage komme ich im Philosophieren, wo geradezu gefragt wird. Gibt es Gott? Gibt es unbedingte Forderung im Dasein? Ist der Mensch unvollendbar? Gibt es Führung durch Gott? Ist das Weltsein schwebend und verschwindend? Zur Antwort werde ich gezwungen, wenn die Aussagen der Glaubenslosigkeit entgegenstehen, welche etwa lauten:

Erstens: Es ist kein Gott, denn es gibt nur die Welt und die Regeln ihres Geschehens; die Welt ist Gott.

Zweitens: Es gibt kein Unbedingtes, denn die Forderungen, denen ich folge, sind entstanden und wandeln sich. Sie sind bedingt durch Gewohnheit, Übung, Überlieferung, Gehorsam; alles steht unter Bedingungen im Endlosen.

Drittens: Es gibt den vollendeten Menschen, denn der Mensch kann ein so wohlgeratenes Wesen sein wie das Tier; man wird ihn züchten können. Es gibt keine grundsätzliche Unvollendung, kein Brüchigsein des Menschen im Grunde. Der Mensch ist kein Zwischensein, sondern fertig und ganz. Wohl ist er wie alles in der Welt vergänglich, aber er ist eigengegründet, selbständig, sich genug in seiner Welt.

Viertens: Es gibt keine Führung durch Gott; diese Führung ist eine Illusion und eine Selbsttäuschung. Der Mensch hat die Kraft, sich selbst zu folgen, und kann sich auf die eigene Kraft verlassen.

Fünftens: Die Welt ist alles, ihre Realität ist die einzige und eigentliche Wirklichkeit. Da es keine Transzendenz gibt, ist zwar in der Welt alles vergänglich, die Welt selbst aber absolut, ewig nicht verschwindend, kein schwebendes Übergangsein.

Solchen Aussagen der Glaubenslosigkeit gegenüber ist die philosophische Aufgabe zwiefach: ihre Herkunft zu begreifen und den Sinn der Glaubenswahrheit zu klären.

Die Glaubenslosigkeit gilt als Folge der Aufklärung. Was aber ist Aufklärung?

Die Forderungen der Aufklärung richten sich gegen Blindheit des fraglosen Fürwahrhaltens; gegen Handlungen, die nicht bewirken können, was sie meinen – wie magische Handlungen –, da sie auf nachweislich falschen Voraussetzungen beruhen; gegen das Verbot des einschränkungslosen Fragens und Forschens; gegen überkommene Vorurteile. Aufklärung fordert unbegrenztes Bemühen um Einsicht und ein kritisches Bewußtsein von der Art und Grenze jeder Einsicht.

Es ist der Anspruch des Menschen, es solle ihm einleuchtend werden, was er meint, will und tut. Er will selbst denken. Er will mit dem Verstande fassen und möglichst bewiesen haben, was wahr ist. Er verlangt Anknüpfung an grundsätzlich jedermann zugängliche Erfahrungen. Er sucht Wege zum Ursprung der Einsicht, statt sie als fertiges Ergebnis zur Annahme vorgelegt zu erhalten. Er will einsehen, in welchem Sinne ein Beweis gilt und an welchen Grenzen der Verstand scheitert. Begründung möchte er auch noch für das, was er am Ende als unbegründbare Voraussetzungen zum Grunde seines Lebens machen muß: für die Autorität, der er folgt, für die Ehrfurcht, die er fühlt, für den Respekt, den er dem Gedanken und Tun großer Menschen erweist, für das Vertrauen, das er einem, sei es zur Zeit und in dieser Situation, sei es überhaupt Unbegriffenen und Unbegreifbaren schenkt. Noch im Gehorsam will er wissen, warum er gehorcht. Alles, was er für wahr hält und als recht tut, stellt er ohne Ausnahme unter die Bedingung, selbst innerlich dabei sein zu können. Er ist nur dabei, wenn seine Zustimmung in seiner Selbstüberzeugung die Bestätigung findet. Kurz: Aufklärung ist – mit Kants Worten – der »Ausgang des Menschen von seiner selbstverschuldeten Unmündigkeit«. Sie ist zu ergreifen als der Weg, auf dem der Mensch zu sich selbst kommt.

Aber die Ansprüche der Aufklärung werden so leicht mißverstanden, daß der Sinn der Aufklärung zweideutig ist. Sie kann wahre und sie kann falsche Aufklärung sein. Und daher ist der Kampf gegen die Aufklärung seinerseits zweideutig. Er kann – mit Recht – gegen die falsche, oder – mit Unrecht – gegen die wahre Aufklärung sich richten. Oft vermengen sich beide in eins.

Im Kampf gegen die Aufklärung sagt man: sie zerstöre die Überlieferung, auf der alles Leben ruhe; sie löse den Glauben auf und führe zum Nihilismus; sie gebe jedem Menschen die Freiheit seiner Willkür, werde daher Ausgang der Unordnung und Anarchie; sie mache den Menschen unselig, weil bodenlos.

Diese Vorwürfe treffen eine falsche Aufklärung, die selber den Sinn der echten Aufklärung nicht mehr versteht. *Falsche* Aufklärung meint alles Wissen und Wollen und Tun auf den bloßen Verstand gründen zu können (statt den Verstand nur als den nie zu umgehenden Weg der Erhellung dessen, was ihm gegeben werden muß, zu nutzen); sie verabsolutiert die immer partikularen Verstandeserkenntnisse (statt sie nur in dem ihnen zukommenden Bereich sinngemäß anzuwenden); sie verführt den Einzelnen zum Ausspruch, für sich allein wissen und auf Grund seines Wissens allein handeln zu können, als ob der Einzelne alles wäre (statt sich auf den lebendigen Zusammenhang des in Gemeinschaft in Frage stellenden und fördernden Wissens zu gründen); ihr mangelt der Sinn für Ausnahme und Autorität, an denen beiden alles menschliche Leben sich orientieren muß. Kurz, sie will den Menschen auf sich selbst stellen, derart, daß er alles Wahre und ihm Wesentliche durch Verstandeseinsicht erreichen kann. Sie will nur wissen und nicht glauben.

Wahre Aufklärung dagegen zeigt zwar dem Denken und dem Fragenkönnen nicht absichtlich, von außen und durch Zwang, eine Grenze, wird sich aber der faktischen Grenze bewußt. Denn sie klärt nicht nur das bis dahin Unbefragte, die Vorurteile und vermeintlichen Selbstverständlichkeiten, sondern auch sich selber auf. Sie verwechselt nicht die Wege des Verstandes mit den Gehalten des Menschseins. Diese zeigen sich der Aufklärung zwar erhellbar durch einen vernünftig geführten Verstand, sind aber nicht auf den Verstand zu gründen.

Wir gehen auf einige besondere Angriffe gegen die Aufklärung ein. Es wird ihr der Vorwurf gemacht, sie sei die *Eigenmächtigkeit* des Menschen, der sich selbst verdanken wolle, was ihm nur durch Gnade zuteil werde.

Dieser Vorwurf verkennt, daß Gott nicht durch Befehle und Offenbarungen anderer Menschen, sondern im Selbstsein des Menschen durch dessen Freiheit spricht, nicht von außen, sondern von innen. Wird die von Gott geschaffene, auf Gott bezogene Freiheit des Menschen beeinträchtigt, so gerade das, wodurch indirekt Gott sich kundgibt. Es erwächst mit der Bekämpfung der Freiheit, mit diesem Kampf gegen die Aufklärung in der Tat ein Aufstand gegen Gott selbst zugunsten vermeintlich göttlicher, von Menschen erdachter Glaubensinhalte, Gebote und Verbote, von Menschen eingerichteter Ordnungen und Handlungsweisen, in denen wie bei allen menschlichen Dingen Torheit und Weisheit ungeschieden durcheinandergehen. Wenn diese dem Befragen entzogen werden, so fordern sie damit die Preisgabe der menschlichen Aufgabe. Denn die Verwerfung der Aufklärung ist wie ein Verrat am Menschen.

Ein Hauptmoment der Aufklärung ist die *Wissenschaft,* und zwar die *voraussetzungslose,* das heißt durch keine vorher festgesetzten Ziele und Wahrheiten in ihrem Fragen und Forschen eingeschränkte Wissenschaft, außer den sittlichen Einschränkungen, die etwa gegen Experimente am Menschen aus den Forderungen der Humanität entspringen.

Man hat den Ruf gehört: Wissenschaft zerstört den Glauben. Griechische Wissenschaft war noch einzubauen in den Glauben und brauchbar zu seiner Erhellung. Aber die moderne Wissenschaft ist schlechthin ruinös. Sie ist ein bloß historisches Phänomen einer verhängnisvollen Weltkrise. Ihr Ende ist zu erwarten und nach Kräften zu beschleunigen. Man bezweifelt die in ihr für immer aufleuchtende Wahrheit. Man leugnet die Würde des Menschen, die heute ohne wissenschaftliche Haltung nicht mehr möglich ist. Man wendet sich gegen Aufklärung und sieht diese nur in Verstandesplattheit, nicht in der Weite der Vernunft. Man wendet sich gegen den Liberalismus, sieht nur dessen Erstarrung im Gehenlassen und im äußerlichen Fortschrittsglauben, nicht die tiefe Kraft der Liberalität. Man wendet sich gegen Toleranz als herzlose Gleichgültigkeit der Glaubenslosen und sieht nicht die universale menschliche Kommunikationsbereitschaft. Kurz, man verwirft unseren Grund von Menschenwürde, Erkennenkönnen, Freiheit und rät zum geistigen Selbstmord der philosophischen Existenz.

Dagegen ist uns gewiß: Es gibt keine Wahrhaftigkeit, keine Vernunft und keine Menschenwürde mehr ohne echte Wissenschaftlichkeit, wenn diese durch Überlieferung und Situation für den Menschen möglich ist. Wird Wissenschaft verloren, so erwachsen die Dämmerungen, das Zwielicht, die unklar erbaulichen Gefühle und die fanatischen Entschlüsse in selbstgewollter Blindheit. Schranken werden aufgerichtet, der Mensch in neue Gefängnisse geführt.

Warum die Kämpfe gegen die Aufklärung?

Sie entspringen nicht selten einem Drang ins Absurde, in den Gehorsam gegen Menschen, die als Sprachrohr Gottes geglaubt werden. Sie entspringen der Leidenschaft zur Nacht, die dem Gesetze des Tages nicht mehr folgt, sondern in erfahrener Bodenlosigkeit eine vermeintlich rettende Scheinordnung grundlos erbaut. Es gibt einen Drang der Glaubenslosigkeit, der Glauben will und sich ihn einredet. Und der Machtwille meint die Menschen gefügiger zu machen, je mehr sie in blindem Gehorsam der Autorität folgen, die ein Mittel dieser Macht wird.

Wenn dabei eine Berufung auf Christus und das Neue Testament erfolgt, so mit Recht nur in bezug auf manche kirchliche und theologische Erscheinungen der Jahrtausende, zu Unrecht, wenn der Ursprung und die Wahrheit der biblischen Religion selber gemeint werden. Diese sind lebendig in der echten Aufklärung, werden von der Philosophie erhellt, die vielleicht teilnimmt an der Ermöglichung der Bewahrung dieser Gehalte für das Menschsein in der neuen technischen Welt.

Daß aber die Angriffe gegen die Aufklärung immer wieder sinnvoll erscheinen, beruht auf den Verkehrungen der Aufklärung, gegen die der Angriff in der Tat berechtigt ist. Die Verkehrungen sind möglich wegen der Schwere der Aufgabe. Mit der Aufklärung zwar geht der Enthusiasmus des frei werdenden Menschen einher, der sich durch seine Freiheit offener für die Gottheit fühlt, ein Enthusiasmus, den jeder neu erwachsende Mensch wiederholt. Aber dann kann bald die Aufklärung zu einem kaum tragbaren Anspruch werden. Denn Gott wird aus der Freiheit keineswegs eindeutig gehört, sondern nur im Gang lebenwährenden Bemühens durch Augenblicke, in denen dem Menschen geschenkt wird, was er sich nie erdenken könnte. Der Mensch vermag die Last des kritischen Nichtwissens in bloßer Bereitschaft für das Hören im gegebenen Augenblick nicht immer zu tragen. Er möchte das Letzte bestimmt wissen.

Nachdem er den Glauben verworfen hat, überläßt er sich dem Denken des Verstandes als solchem, von dem er fälschlich Gewißheit erwartet in dem, worauf es im Leben entscheidend ankommt. Da jedoch das Denken dies nicht leisten kann, kann die Erfüllung des Anspruchs nur durch Täuschungen gelingen: Das endlich Bestimmte, einmal dieses, einmal jenes, in endloser Vielfachheit, wird verabsolutiert zum Ganzen. Die jeweilige Denkform wird für das Erkennen schlechthin gehalten. Es geht verloren die Kontinuität der ständigen Selbstprüfung, der man sich durch eine endgültige Scheingewißheit überhebt. Das beliebige Meinen nach Zufall und Situation macht den Anspruch auf Wahrheit, wird aber in einer Scheinhelle vielmehr zu einer neuen Blindheit. Da solche Aufklärung behauptet, alles aus eigener Einsicht wissen und denken zu können, liegt in ihr in der Tat die Willkür. Sie verwirklicht diesen unmöglichen Anspruch durch halbes und ungezügeltes Denken.

Gegen alle diese Verkehrungen hilft nicht die Abschaffung des Denkens, sondern nur die Verwirklichung des Denkens mit seinen gesamten Möglichkeiten, mit seinem kritischen Grenzbewußtsein und mit seinen gültigen Erfüllungen, die standhalten im Zusammenhang des Erkennens. Nur eine mit der Selbsterziehung des ganzen Menschen sich vollziehende Ausbildung des Denkens verhindert es, daß ein beliebiges Denken zum Gift, die Helle der Aufklärung zu einer tötenden Atmosphäre wird.

Gerade der reinsten Aufklärung wird die Unumgänglichkeit des Glaubens klar. Die fünf Grundsätze philosophischen Glaubens sind nicht wie wissenschaftliche Thesen zu beweisen. Es ist nicht möglich, den Glauben rational zu erzwingen, gar nicht durch Wissenschaften, auch nicht durch Philosophie.

Es ist ein Irrtum falscher Aufklärung, daß der Verstand aus sich selber allein Wahrheit und Sein erkennen könne. Der Verstand ist angewiesen auf anderes. Als wissenschaftliche Erkenntnis ist er angewiesen auf Anschauung in der Erfahrung. Als Philosophie ist er angewiesen auf Glaubensgehalte.

Der Verstand kann wohl im Denken vor Augen bringen, reinigen, entfalten, aber es muß ihm gegeben sein, was seinem Meinen gegenständliche Bedeutung, seinem Denken Erfüllung, seinem Tun Sinn, seinem Philosophieren Seinsgehalt gibt.

Woher diese Voraussetzungen kommen, auf die das Denken angewiesen bleibt, ist am Ende unverkennbar. Sie wurzeln im Umgreifenden, aus dem wir leben. Bleibt die Kraft des Umgreifenden in uns aus, dann neigen wir zu jenen fünf Leugnungen seitens unseres Unglaubens.

Äußerlich greifbar kommen die Voraussetzungen der anschaulichen Erfahrungen aus der Welt, die Voraussetzungen des Glaubens aus geschichtlicher Überlieferung. In dieser äußeren Gestalt sind die Voraussetzungen nur Leitfäden, an denen erst zu den eigentlichen Voraussetzungen zu finden ist. Denn diese äußeren Voraussetzungen unterliegen noch ständiger Prüfung, und zwar nicht durch den Verstand als Richter, der von sich aus wüßte, was wahr sei, sondern durch den Verstand als Mittel: der Verstand prüft Erfahrung an anderer Erfahrung; er prüft auch überlieferten Glauben an überliefertem Glauben und darin alle Überlieferung an dem ursprünglichen Wachwerden der Gehalte aus dem Ursprung eigenen Selbstseins. In den Wissenschaften werden für die Erfahrung die unentrinnbaren Anschauungen hergestellt, denen sich niemand entziehen kann, der die angegebenen Wege beschreitet; in der Philosophie wird durch verstehende Vergegenwärtigung der Überlieferung das Innewerden des Glaubens ermöglicht.

Eine Abwehr des Unglaubens aber ist nicht möglich durch seine direkte Überwindung, sondern nur gegen nachweisbare falsche rationale Ansprüche vermeintlichen Wissens und gegen falsch erscheinende rationalisierte Glaubensansprüche.

Der Irrtum in der Aussage der philosophischen Glaubenssätze beginnt, wo sie als Mitteilung eines Inhalts genommen werden. Denn im Sinne eines jeden dieser Sätze liegt nicht ein absoluter Gegenstand, sondern das Signum einer konkret werdenden Unendlichkeit. Wo diese Unendlichkeit im Glauben gegenwärtig ist, da ist das Endlose des Weltseins eine vieldeutige Erscheinung dieses Grundes geworden.

Spricht der Philosophierende jene Glaubenssätze aus, so ist es wie das Analogon eines Bekenntnisses. Der Philosoph soll sein

Nichtwissen nicht ausnützen, um sich jeder Antwort zu entziehen. Philosophisch wird er zwar behutsam bleiben und wiederholen: ich weiß es nicht; ich weiß auch nicht, ob ich glaube; aber solcher Glaube, in solchen Grundsätzen ausgesprochen, scheint mir sinnvoll, und ich möchte wagen, so zu glauben, und die Kraft haben, daraufhin zu leben. Im Philosophieren wird daher immer eine Spannung sein zwischen der scheinbaren Unentschiedenheit des schwebenden Aussagens und der Wirklichkeit entschiedenen Sichverhaltens.

9. Die Geschichte der Menschheit*

Keine Realität ist wesentlicher für unsere Selbstvergewisserung als die Geschichte. Sie zeigt uns den weitesten Horizont der Menschheit, bringt uns die unser Leben begründenden Gehalte der Überlieferung, zeigt uns die Maßstäbe für das Gegenwärtige, befreit uns aus der bewußtlosen Gebundenheit an das eigene Zeitalter, lehrt uns den Menschen in seinen höchsten Möglichkeiten und in seinen unvergänglichen Schöpfungen sehen.

Unsere Muße können wir nicht besser verwenden, als mit den Herrlichkeiten der Vergangenheit vertraut zu werden und vertraut zu bleiben und das Unheil zu sehen, in dem alles zugrunde ging. Was wir gegenwärtig erfahren, verstehen wir besser im Spiegel der Geschichte. Was die Geschichte überliefert, wird uns lebendig aus unserem eigenen Zeitalter. Unser Leben geht voran in der wechselseitigen Erhellung von Vergangenheit und Gegenwart.

Nur in der Nähe, bei leibhaftiger Anschauung, bei Zuwendung zum einzelnen geht uns Geschichte wirklich an. Philosophierend ergehen wir uns in einigen abstrakt bleibenden Erörterungen.

Die Weltgeschichte kann aussehen wie ein Chaos zufälliger Ereignisse. Sie scheint im Ganzen ein Durcheinander wie der Wirbel einer Wasserflut. Es geht immer weiter, von einer Verwirrung in die andere, von einem Unheil in das andere, mit kurzen Lichtblicken des Glücks, mit Inseln, die vom Strom eine Weile verschont bleiben, bis auch sie überspült werden, alles in allem – mit einem Bild Max Webers – eine Straße, die der Teufel pflastert mit zerstörten Werten.

Wohl zeigen sich für die Erkenntnis Zusammenhänge des Geschehens, so einzelne Kausalzusammenhänge, etwa die Wirkungen technischer Erfindungen für die Arbeitsweise, der Arbeitsweise für die Gesellschaftsstruktur, der Eroberungen für Völkerschichtungen, der Kriegstechnik für die militärischen Organisationen und dieser

* In diesem Vortrag sind Ausführungen aus meinem Buch »Vom Ursprung und Ziel der Geschichte« zum Teil wörtlich benutzt.

für den Staatsaufbau und so fort ins Endlose. Es zeigen sich über Kausalzusammenhänge hinaus gewisse Totalaspekte, etwa in der Stilfolge des Geistigen durch eine Reihe von Generationen, als auseinander hervorgehende Zeitalter der Kultur, als große geschlossene Kulturkörper in ihrer Entwicklung. Spengler und die ihm Folgenden sahen solche Kulturen aus der Masse des bloß dahinlebenden Menschseins erwachsen gleichsam wie Pflanzen aus dem Boden, die blühen und absterben, in nicht begrenzbarer Zahl – Spengler zählte bisher acht, Toynbee einundzwanzig – und so, daß sie sich gegenseitig wenig oder nichts angehen.

So gesehen, hat Geschichte keinen Sinn, keine Einheit und keine Struktur, als nur in den unübersehbar zahlreichen kausalen Verkettungen und in den morphologischen Gestaltungen, wie sie auch im Naturgeschehen vorkommen, nur daß sie in der Geschichte viel weniger exakt feststellbar sind.

Geschichtsphilosophie aber bedeutet, solchen Sinn, solche Einheit, die Struktur der Weltgeschichte zu suchen Diese kann nur die Menschheit im ganzen treffen.

Entwerfen wir ein Schema der Weltgeschichte:

Seit Jahrhunderttausenden lebten schon Menschen; sie sind nachgewiesen durch Knochenfunde in zeitlich datierbaren geologischen Schichten. Seit Jahrzehntausenden lebten uns anatomisch völlig ähnliche Menschen, gibt es Reste von Werkzeugen, ja von Malereien. Erst seit fünf- bis sechstausend Jahren haben wir eine dokumentierte zusammenhängende Geschichte.

Die Geschichte hat vier tiefgreifende Einschnitte:

Erstens: Nur erschließbar ist der erste große Schritt der Entstehung der Sprachen, der Erfindung von Werkzeugen, des Entzündens und Gebrauchens des Feuers. Es ist das prometheische Zeitalter, die Grundlage aller Geschichte, durch die der Mensch erst Mensch wurde gegenüber einem uns nicht vorstellbaren nur biologischen Menschsein. Wann das war, durch welche langen Zeiträume sich die einzelnen Schritte verteilten, wissen wir nicht. Dieses Zeitalter muß sehr lange zurückliegen und das Vielfache der dokumentierten, demgegenüber fast verschwindenden geschichtlichen Zeit betragen.

Zweitens: Zwischen 5000 und 3000 vor Christus erwuchsen die alten Hochkulturen in Ägypten, Mesopotamien, am Indus, etwas später am Hoangho in China. Es sind kleine Lichtinseln in der breiten Masse der schon den ganzen Planeten bevölkernden Menschheit.

Drittens: Um 500 vor Christus – in der Zeit von 800 bis 200 – erfolgte die geistige Grundlegung der Menschheit, von der sie bis heute zehrt, und zwar gleichzeitig und unabhängig in China, Indien, Persien, Palästina, Griechenland.

Viertens: Seitdem ist nur ein einziges, ganz neues, geistig und materiell einschneidendes Ereignis erfolgt, von gleichem Rang weltgeschichtlicher Wirkung: das wissenschaftlich-technische Zeitalter, vorbereitet in Europa seit dem Ende des Mittelalters, geistig konstituiert im siebzehnten Jahrhundert, in breiter Entfaltung seit dem Ende des achtzehnten Jahrhunderts, in überstürzt schneller Entwicklung erst seit einigen Jahrzehnten.

Wir werfen einen Blick auf den dritten Einschnitt, um 500 vor Christus. Hegel sagte: »Alle Geschichte geht zu Christus hin und kommt von ihm her. Die Erscheinung des Gottessohnes ist die Achse der Weltgeschichte.« Für diese christliche Struktur der Weltgeschichte ist unsere Zeitrechnung die tägliche Bezeugung. Der Mangel ist, daß solche Ansicht der Universalgeschichte nur für gläubige Christen Geltung haben kann. Auch im Abendland hat aber der Christ seine empirische Geschichtsauffassung nicht an diesen Glauben gebunden. Die heilige Geschichte trennte sich dem Christen als sinnverschieden von der profanen.

Eine Achse der Weltgeschichte, falls es sie gibt, wäre nur für die profane Geschichte und hier empirisch als ein Tatbestand zu finden, der als solcher für alle Menschen, auch für die Christen gültig sein kann. Er müßte für das Abendland und Asien und alle Menschen ohne den Maßstab eines bestimmten Glaubensinhalts überzeugend sein. Für alle Völker würde ein gemeinsamer Rahmen geschichtlichen Selbstverständnisses erwachsen. Diese Achse der Weltgeschichte scheint nun zu liegen in dem zwischen 800 und 200 vor Christus stattfindenden geistigen Prozeß. Es entstand der Mensch, mit dem wir bis heute leben. Diese Zeit sei in Kürze die »Achsenzeit« genannt.

In dieser Zeit drängt sich Außerordentliches zusammen. In China lebten Konfuzius und Laotse, entstanden alle Richtungen der chinesischen Philosophie, dachten Mo-ti, Tschuang-tse, Liädsi und ungezählte andere; in Indien entstanden die Upanischaden, lebte Buddha, wurden alle philosophischen Möglichkeiten bis zur Skepsis und bis zum Materialismus, bis zur Sophistik und zum Nihilismus, wie in China, entwickelt; in Iran lehrte Zarathustra das fordernde Weltbild des Kampfes zwischen Gut und Böse; in Palästina traten die Propheten auf, von Elias über Jesaias und Jeremias bis zu Deuterojesaias; Griechenland sah Homer, die Philosophen Parmenides, Heraklit, Plato, die Tragiker, Thukydides und Archimedes. Alles, was durch solche Namen nur angedeutet ist, erwuchs in diesen wenigen Jahrhunderten annähernd gleichzeitig in China, Indien und dem Abendland, ohne daß sie gegenseitig voneinander wußten.

Das Neue dieses Zeitalters ist überall, daß der Mensch sich des Seins im Ganzen, seiner selbst und seiner Grenzen bewußt wird. Er erfährt die Furchtbarkeit der Welt und die eigene Ohnmacht. Er stellt radikale Fragen, drängt vor dem Abgrund auf Befreiung und Erlösung. Indem er mit Bewußtsein seine Grenzen erfaßt, steckt er sich die höchsten Ziele. Er erfährt die Unbedingtheit in der Tiefe des Selbstseins und in der Klarheit der Transzendenz.

Es wurden die widersprechenden Möglichkeiten versucht. Diskussion, Parteibildung, Zerspaltung des Geistigen, das sich doch im Gegensätzlichen aufeinander bezog, ließ Unruhe und Bewegung entstehen bis an den Rand des geistigen Chaos.

In diesem Zeitalter wurden die Grundkategorien hervorgebracht, in denen wir bis heute denken, und es wurden die Weltreligionen geschaffen, aus denen die Menschen bis heute leben.

Durch diesen Prozeß wurden die bis dahin unbewußt geltenden Anschauungen, Sitten und Zustände in Frage gestellt. Alles geriet in einen Strudel.

Das mythische Zeitalter war in seiner Ruhe und Selbstverständlichkeit zu Ende. Es begann der Kampf mit dem Mythos aus Rationalität und aus realer Erfahrung, der Kampf um die Transzendenz des einen Gottes gegen die Dämonen, der Kampf gegen die unwahren Götter aus ethischer Empörung. Mythen wurden umgeformt, mit neuer Tiefe erfaßt, im Augenblick, als der Mythus im ganzen zerstört wurde.

Der Mensch ist nicht mehr in sich geschlossen. Er ist sich selber ungewiß, damit aufgeschlossen für neue, grenzenlose Möglichkeiten.

Zum erstenmal gab es Philosophen. Menschen wagten es, als Einzelne sich auf sich selbst zu stellen. Einsiedler und wandernde Denker in China, Asketen in Indien, Philosophen in Griechenland, Propheten in Israel gehören zusammen, so sehr sie in Glauben, Gehalten, innerer Verfassung voneinander unterschieden sind. Der Mensch vermochte es, sich der ganzen Welt innerlich gegenüberzustellen. Er entdeckte in sich den Ursprung, aus dem er sich über sich selbst und die Welt erhebt.

Man wird sich damals der Geschichte bewußt. Außerordentliches beginnt, aber man fühlt und weiß: unendliche Vergangenheit ging vorher. Schon im Anfang dieses Erwachens des eigentlich menschlichen Geistes ist der Mensch getragen von Erinnerung, hat er das Bewußtsein des Spätseins, ja des Verfallenseins.

Man will planend den Gang der Ereignisse in die Hand nehmen, man will die rechten Zustände wiederherstellen oder erstmalig hervorbringen. Man erdenkt, auf welche Weise die Menschen am besten zusammenleben, verwaltet und regiert werden. Reformgedanken beherrschen das Handeln.

Auch der soziologische Zustand zeigt in allen drei Gebieten Analogien. Es gab eine Fülle kleiner Staaten und Städte, einen Kampf aller gegen alle, bei dem doch zunächst ein erstaunliches Gedeihen möglich war.

Das Zeitalter, in dem dies durch Jahrhunderte sich entfaltete, war aber keine einfach aufsteigende Entwicklung. Es war Zerstören und Neuhervorbringen zugleich. Eine Vollendung wurde keineswegs erreicht. Die höchsten Möglichkeiten, die in einzelnen verwirklicht waren, wurden nicht Gemeingut. Was zuerst Freiheit der Bewegung war, wurde am Ende Anarchie. Als das Schöpfertum dem Zeitalter verlorenging, geschah in den drei Kulturbereichen die Fixierung von Lehrmeinungen und die Nivellierung. Aus der unerträglich werdenden Unordnung erwuchs der Drang zu neuer Bindung in der Wiederherstellung dauernder Zustände.

Der Abschluß ist zunächst politisch. Es entstehen große, allbeherrschende Reiche fast gleichzeitig in China (Tsin-Schi-Huang-ti), in Indien (Maurya-Dynastie), im Abendland (die hellenistischen

Reiche und das Imperium romanum). Überall wurde im Zusammenbruch zunächst eine technische und organisatorische planmäßige Ordnung gewonnen.

Auf die Achsenzeit bezieht sich das geistige Leben der Menschheit bis heute zurück. In China, in Indien und im Abendland gibt es die bewußten Rückgriffe, die Renaissancen. Wohl sind wiederum neue große geistige Schöpfungen entstanden, aber erweckt durch das Wissen um die in der Achsenzeit erworbenen Gehalte.

So geht der große Zug der Geschichte vom ersten Menschwerden über die alten Hochkulturen bis zur Achsenzeit und ihren Folgen, die schöpferisch bis nahe an unsere Zeit waren.

Seitdem, so scheint es, hat ein zweiter Zug begonnen. Unser wissenschaftlich-technisches Zeitalter ist wie ein zweiter Anfang, vergleichbar nur dem ersten Erfinden von Werkzeugen und der Feuerbereitung.

Würden wir eine Vermutung durch Analogie wagen, so diese: wir werden durch Gestaltungen hindurchgehen, die analog sind den Organisationen und Planungen der alten Hochkulturen, wie Ägypten, aus dem die alten Juden auswanderten, und das sie als Arbeitshaus verabscheuten, als sie einen neuen Grund legten. Vielleicht geht die Menschheit durch diese Riesenorganisationen hindurch auf eine neue, uns noch ferne und unsichtbare und unvorstellbare neue Achsenzeit der eigentlichen Menschwerdung zu.

Jetzt aber leben wir in einem Zeitalter der furchtbarsten Katastrophen. Es scheint, als ob alles, was überkommen ist, eingeschmolzen werden sollte, und doch ist der Grund eines neuen Baus noch nicht überzeugend sichtbar.

Neu ist, daß die Geschichte in unserer Zeit zum erstenmal Weltgeschichte wird. Verglichen mit der gegenwärtigen Verkehrseinheit des Erdballs ist alle frühere Geschichte ein Aggregat von Lokalgeschichten.

Was wir Geschichte nennen, ist im bisherigen Sinn zu Ende. Es war ein Zwischenaugenblick von fünftausend Jahren zwischen der durch vorgeschichtliche Jahrhunderttausende sich erstreckenden Besiedlung des Erdballs und dem heutigen Beginn der eigentlichen Weltgeschichte. Es waren diese Jahrtausende, gemessen an den Zeiten des vorhergehenden Menschseins und den zukünftigen Möglichkeiten, ein winziger Zeitraum. Diese Geschichte bedeutete gleichsam das Sichtreffen, das Sichversammeln der Menschen zur Aktion der Weltgeschichte, war der geistige und technische Erwerb der Ausrüstung zum Bestehen der Reise. Wir fangen gerade an.

In solchen Horizonten müssen wir uns orientieren, wenn wir in den Realitäten unseres Zeitalters schwarzsehen und die ganze menschliche Geschichte für verloren halten mögen. Wir dürfen glauben an die kommenden Möglichkeiten des Menschseins. Auf kurze Sicht ist heute alles trübe, auf lange Sicht nicht. Uns dessen zu vergewissern, bedürfen wir der Maßstäbe der Weltgeschichte im Ganzen.

Wir dürfen an die Zukunft um so entschiedener glauben, wenn wir gegenwärtig wirklich werden, Wahrheit suchen und die Maßstäbe des Menschseins erblicken.

Fragen wir nach dem *Sinn der Geschichte*, so liegt für den, der an ein Ziel der Geschichte glaubt, es nahe, das Ziel nicht nur zu denken, sondern planend zu verwirklichen.

Aber unsere Ohnmacht erfahren wir, wenn wir im Ganzen planend uns einrichten möchten. Die übermütigen Planungen von Gewalthabern aus einem vermeintlichen Totalwissen von der Geschichte scheitern in Katastrophen. Die Planungen der Einzelnen in ihrem engen Kreise mißlingen oder werden Momente ganz anderer, ungeplanter Sinnzusammenhänge. Der Gang der Geschichte erscheint entweder wie eine Walze, gegen die niemand sich halten kann, oder sie erscheint wie ein Sinn, der ins Unendliche hinein deutbar ist, durch neue Ereignisse sich wider Erwarten kundgibt, immer vieldeutig bleibt, ein Sinn, den wir nie wissen, wenn wir uns ihm anvertrauen.

Setzen wir den Sinn in einen auf Erden zu erreichenden glücklichen Endzustand, so finden wir ihn in keiner für uns denkbaren Vorstellung und in keinem Anzeichen der bisherigen Geschichte. Vielmehr spricht gegen solchen Sinn die Geschichte der Menschheit in ihrem chaotischen Gang, dieser Weg mäßigen Gelingens und totaler Zerstörungen. Die Frage nach dem Sinn der Geschichte ist durch eine Antwort, die ihn als ein Ziel ausspricht, nicht zu lösen.

Jedes Ziel ist ein partikulares, vorläufiges, überholbares. Die Gesamtgeschichte als eine einmalige Entscheidungsgeschichte im Ganzen zu konstruieren, das gelingt immer um den Preis, Wesentliches zu vernachlässigen.

Was will Gott mit den Menschen? Vielleicht ist eine weite unbestimmte Sinnvorstellung möglich: Geschichte ist die Stätte des Offenbarwerdens, was der Mensch sei, sein könne und was aus ihm werde, und was er vermöge. Auch die größte Bedrohung ist eine dem Menschsein gestellte Aufgabe. Es gilt in der Wirklichkeit hohen Menschseins nicht nur der Maßstab der Sekurität.

Dann aber bedeutet Geschichte viel mehr: sie ist eine Stätte des Offenbarwerdens des Seins der Gottheit. Das Sein wird offenbar im Menschen mit dem andern Menschen. Denn Gott zeigt sich in der Geschichte nicht auf eine einzige, ausschließliche Weise. Jeder Mensch steht der Möglichkeit nach unmittelbar zu Gott. In der geschichtlichen Mannigfaltigkeit steht das eigene Recht des überall Unersetzlichen, Unableitbaren.

Bei solcher unbestimmten Sinnvorstellung gilt: Nichts ist zu erwarten, wenn ich das handgreifliche Glück als eine Vollendung auf Erden, als Paradies menschlicher Zustände voraussehen möchte, alles, wenn es auf die Tiefe des Menschseins ankommt, die mit dem Glauben an die Gottheit sich öffnet. Nichts ist zu hoffen, wenn ich es nur von außen erwarte, alles, wenn ich im Ursprung der Transzendenz mich anvertraue.

Nicht das Endziel der Geschichte, aber ein Ziel, das selber die Bedingung für das Erreichen der höchsten Möglichkeiten des Menschseins wäre, ist formal zu bestimmen: die *Einheit der Menschheit.*

Die Einheit ist nicht schon durch ein rational Allgemeines der Wissenschaft zu erreichen. Denn diese bringt nur die Einheit des Verstandes, nicht des ganzen Menschen. Die Einheit ist auch nicht gelegen in einer allgemeinen Religion, die etwa auf Religionskongressen durch Beratschlagung einmütig festgestellt würde. Sie ist auch nicht wirklich durch die Konventionen einer aufgeklärten Sprache des gesunden Menschenverstandes. Einheit kann nur gewonnen werden aus der Tiefe der Geschichtlichkeit, nicht als wißbarer gemeinsamer Inhalt, sondern nur in der grenzenlosen Kommunikation des geschichtlich Verschiedenen im unabschließbaren, auf der Höhe zu reinem liebendem Kampf werdenden Miteinandersprechen.

Für dieses menschenwürdige Miteinander ist Voraussetzung ein Raum der Gewaltlosigkeit. Ihn zu gewinnen, ist eine Einheit der Menschheit in der Ordnung der Daseinsgrundlagen denkbar und für viele schon ein Ziel ihres Strebens. Dieses Einheitsziel, das nur die Daseinsfundamente trifft, nicht einen gemeinsamen, allgemeingültigen Glaubensinhalt will, scheint für ein zähes geistiges Ringen im Medium der faktischen Machtverhältnisse unter Hilfe zwingender Situationen nicht völlig utopisch.

Bedingung dieser Einheit ist eine politische Daseinsform, auf die sich alle einigen können, weil sie die Chancen der Freiheit für alle auf das höchste Maß bringt. Diese Form, nur im Abendland zum Teil verwirklicht und grundsätzlich durchdacht, ist der Rechtsstaat, die Legitimität durch Wahlen und Gesetze, die Möglichkeit der Veränderung der Gesetze nur auf gesetzlichem Wege. Hier ringen die Geister um die Erkenntnis der rechten Sache, um die öffentliche Meinung, um die Heranziehung möglichst vieler zu hellster Einsicht und vollständigem Orientiertsein durch Nachrichten.

Das Ende der Kriege würde in einer Weltordnung des Rechts erreicht, in der kein Staat noch die absolute Souveränität besäße, die vielmehr allein der Menschheit in ihrer Rechtsordnung und deren Funktionen zukäme.

Wenn aber die Humanität die Kommunikation will und den Verzicht auf Gewalt zugunsten einer wenn auch immer noch ungerechten, doch gerechter werdenden Rechtsordnung, dann hilft uns kein Optimismus, der aus der Überzeugungskraft solcher Gesinnung die Zukunft eindeutig heilvoll sieht. Eher haben wir Anlaß zum Gegenteil.

Wir sehen, jeder in sich selbst, den Eigenwillen, den Widerstand gegen Selbstdurchleuchtung, die Sophistik, mit der auch die Philosophie zum Verschleiern benutzt wird, sehen das Abstoßen des Fremden statt der Kommunikation, die Lust an Macht und Gewalt, das Hingerissenwerden der Massen durch Kriegschancen in blinder Hoffnung auf Gewinn und durch das wilde, alles opfernde, todbereite Abenteuer, sehen dagegen die geringe Bereitschaft der

Massen zum Verzicht, zum Sparen, zur Geduld und zu nüchternem Aufbau solider Zustände, und wir sehen die Leidenschaften, die fast hemmungslos durch alle Kulissen des Geistes hindurch ihren Weg erzwingen.

Wir sehen weiter, ganz abgesehen von Charakterzügen des Menschen, die unaufhebbare Ungerechtigkeit in allen Institutionen, sehen die Situationen entstehen, die mit Gerechtigkeit unlösbar sind, etwa infolge der Bevölkerungszunahme und ihrer Verteilung, oder infolge eines ausschließenden Besitzes von etwas, das alle begehren und das nicht teilbar ist.

Daher scheint fast unaufhebbar die Grenze, wo in irgendeiner Form wieder die Gewalt durchbricht. Die Frage kehrt wieder, ob Gott oder der Teufel die Welt regiere. Und es ist ein unbegründeter Glaube, daß am Ende doch der Teufel im Dienste Gottes stehe.

Wenn wir als Einzelne unser Leben zerrinnen sehen in bloßer Augenblicklichkeit, hineingerissen in die Zusammenhanglosigkeit von Zufällen und übermächtigen Ereignissen, angesichts der Geschichte, die am Ende zu sein und nur Chaos übrigzulassen scheint, dann suchen wir uns aufzuschwingen und damit alle Geschichte zu überwinden.

Wohl müssen wir uns unseres Zeitalters und unserer Situation bewußt bleiben. Eine moderne Philosophie kann ohne Erhellung dieses Sichgegebenseins in der Zeit an bestimmtem Ort nicht erwachsen. Aber wenn wir unter den Bedingungen des Zeitalters stehen, so philosophieren wir darum nicht etwa aus diesen Bedingungen, sondern wie jederzeit aus dem Umgreifenden. Wir dürfen, was wir sein können, nicht auf unser Zeitalter abwälzen, uns ihm unterwerfen, vielmehr versuchen wir durch die Erhellung des Zeitalters vorzudringen dorthin, wo wir aus der Tiefe leben können.

Wir sollen auch nicht die Geschichte zur Gottheit machen. Wir brauchen das gottlose Wort, die Weltgeschichte sei das Weltgericht, nicht anzuerkennen. Sie ist keine letzte Instanz. Scheitern ist kein Gegenargument gegen die Wahrheit, die sich transzendent gegründet findet. Mit der Aneignung der Geschichte quer zu ihr werfen wir den Anker in die Ewigkeit.

10. Die Unabhängigkeit des philosophierenden Menschen

Die Unabhängigkeit des Menschen wird verworfen von allem Totalitären, mag es als religiöser Glaube den Anspruch alleiniger Wahrheit an alle erheben, mag es als Staat bei der Einschmelzung alles Menschlichen in den Bau des Machtapparates nichts mehr übriglassen an Eigenem, wenn selbst Beschäftigung in der Freizeit der Gesinnungslinie entsprechen muß. Unabhängigkeit scheint lautlos verlorenzugehen in der Überflutung allen Daseins durch das Typische, die Gewohnheiten, die unbefragten Selbstverständlichkeiten.

Philosophieren aber heißt, um seine innere Unabhängigkeit ringen unter allen Bedingungen. Was ist die innere Unabhängigkeit?

Es lebt ein Bild des Philosophen als des unabhängigen Menschen seit der späteren Antike. Das Bild hat mehrere Grundzüge. Dieser Philosoph ist unabhängig, erstens, weil er bedürfnislos ist, frei von der Welt der Güter und von der Herrschaft der Triebe, er lebt asketisch; zweitens, weil er ohne Angst ist, denn er hat die Schreckbilder der Religionen in ihrer Unwahrheit durchschaut; drittens, weil er unbeteiligt an Staat und Politik ist, in der Verborgenheit in Ruhe lebt, ohne Bindungen, als Weltbürger. In jedem Falle glaubt dieser Philosoph einen absolut unabhängigen Punkt, einen Standpunkt außerhalb aller Dinge, damit eine Unbetroffenheit und Unerschütterlichkeit erreicht zu haben.

Dieser Philosoph ist Gegenstand der Bewunderung, aber auch Gegenstand des Mißtrauens geworden. Seine Wirklichkeit bezeugt wohl in mannigfachen Gestalten eine ungewöhnliche Unabhängigkeit in Armut, Ehelosigkeit, Berufslosigkeit, apolitischem Leben, bezeugt ein Glück, das nicht bedingt ist durch etwas von außen Kommendes, sich vollzieht im Bewußtsein einer Wanderschaft und der Gleichgültigkeit gegen die Schläge des Schicksals. Aber manche dieser Gestalten bezeugen auch ein gewaltiges Selbstgefühl, einen Wirkungswillen und damit Stolz und Eitelkeit, eine Kälte im Menschlichen und eine Häßlichkeit der Feindschaft gegen andere Philosophen. Allen ist eine dogmatische Haltung in der Lehre eigen.

Die Unabhängigkeit ist so wenig rein, daß sie als undurchschaute, manchmal lächerliche Abhängigkeit erscheint.

Doch liegt hier geschichtlich neben der biblischen Religion eine Quelle möglicher Unabhängigkeit. Der Umgang mit diesen Philosophen ermuntert den eigenen Unabhängigkeitswillen vielleicht gerade dadurch, daß man sieht: Der Mensch kann sich nicht halten auf einem isolierten Punkt der Losgelöstheit. Diese vermeintlich absolute Freiheit schlägt sogleich um in eine andere Abhängigkeit, im Äußeren von der Welt, um deren Anerkennung gebuhlt wird, im Inneren von undurchhellten Leidenschaften. Auf dem Wege der spätantiken Philosophen geht es nicht. Trotz ihrer zum Teil großartigen Erscheinungen haben sie im Kampf um die Freiheit starre Figuren und hintergrundlose Masken erzeugt.

Wir sehen: die Unabhängigkeit verkehrt sich ins Gegenteil, wenn sie sich für absolut hält. In welchem Sinne wir um Unabhängigkeit ringen können, ist gar nicht leicht zu beantworten.

Die Unabhängigkeit ist fast unüberwindbar zweideutig. Sehen wir Beispiele:

Philosophie, zumal als Metaphysik, entwirft ihre Spiele des Gedankens, gleichsam Figuren des Denkens, denen der Denkende, der sie hervorbringt, durch seine unendliche Möglichkeit überlegen bleibt. Damit ist aber die Frage: Ist der Mensch Herr seiner Gedanken, weil er gottlos ist und ohne Bezug auf einen Grund sein schaffendes Spiel treiben kann, eigenmächtig, nach je selbstgesetzten Spielregeln, entzückt von seiner Form, oder umgekehrt, weil er auf Gott bezogen, seiner Sprache überlegen bleibt, in die als Kleider und Figuren er bannen muß, was als absolutes Sein in ihnen immer unangemessen erscheint und daher ins Unendliche des Wandels bedarf? Hier liegt die Unabhängigkeit des Philosophierenden darin, daß er seinen Gedanken nicht als Dogmen verfällt und damit ihnen unterworfen wäre, sondern daß er Herr seiner Gedanken wird. Aber Herr seiner Gedanken sein, das bleibt zweideutig – Bindungslosigkeit in der Willkür oder Bindung in der Transzendenz.

Ein anderes Beispiel: Wir suchen, um unsere Unabhängigkeit zu gewinnen, den archimedischen Punkt außerhalb der Welt. Das ist ein wahres Suchen, aber die Frage ist: Ist der archimedische Punkt ein Außerhalbsein, das den Menschen in totaler Unabhängigkeit gleichsam zum Gotte macht, oder ist er der Punkt außerhalb, wo er eigentlich Gott begegnet und seine einzige vollkommene Abhängigkeit erfährt, die ihn erst unabhängig in der Welt macht?

Wegen dieser Zweideutigkeit vermag Unabhängigkeit so leicht, statt Weg zum eigentlichen Selbstsein in geschichtlicher Erfüllung zu werden, vielmehr als Unverbindlichkeit des stets auch anders Könnens zu erscheinen. Dann geht das Selbstsein verloren an die bloßen Rollen, die jeweils gespielt werden. Diese scheinbare Unabhängigkeit hat, wie alles Täuschende, endlose Gestalten, zum Beispiel:

Es wird möglich ein Erblicken aller Dinge in ästhetischer Haltung, gleichgültig ob diese Dinge Menschen, Tiere oder Steine sind, vielleicht mit einer Kraft der Vision, als ob eine mythische Wahrnehmung sich wiederhole, aber ein Erblicken, das gleichsam »tot mit wachem Auge« ist, weil ohne Entscheidung im lebengründenden Entschluß, zwar bereit, sich bis in jede Lebensgefahr zu engagieren, aber nicht, sich im Unbedingten zu verankern. Unempfindlich gegen Widersprüche und gegen Absurditäten, in grenzenloser Begierde nach Wahrnehmen, wird ein Leben geführt, das in den Zwängen des Zeitalters versucht, möglichst wenig vom Zwang betroffen in Unabhängigkeit des eigenen Willens und Erfahrens durchzukommen, ein Leben, das in aller Betroffenheit durch den Zwang eine innere Unbetroffenheit wahrt, den Gipfel des Daseins in der Formulierung des Gesehenen findet, die Sprache zum Sein macht.

Diese unverbindliche Unabhängigkeit sieht gern von sich selbst ab. Die Befriedigung im Sehen wird zur Hingerissenheit für das Sein. Das Sein scheint sich zu enthüllen in diesem mythischen Denken, das eine Weise spekulativer Dichtung ist.

Aber das Sein enthüllt sich nicht der Hingabe bloßen Sehens. Es genügt nicht die noch so ernsthafte einsame Vision, die kommunikationslose Mitteilung in sprechenden Wendungen, ergreifenden Bildern – in der diktatorischen Sprache des Wissens und Verkündens.

So können sich in der Täuschung, das Sein selbst zu haben, Bemühungen vollziehen, den Menschen sich selbst vergessen zu lassen. In Seinsfiktionen erlischt der Mensch, aber in diesen Fiktionen liegt immer noch der Ansatz zur Umkehr, vermag das verborgene Nichtzufriedensein Folgen zu haben für die Rückgewinnung eigentlichen Ernstes, der nur in der Gegenwart der Existenz wirklich wird und sich befreit von der ruinösen Haltung: Sehen, was ist, und tun, was man mag.

Die unverbindliche Unabhängigkeit zeigt sich weiter in dem beliebigen Denken. Das verantwortungslose Spiel der Gegensätze erlaubt, nach Bedarf jede Position einzunehmen. Man ist in allen Methoden versiert, ohne irgendeine rein zu vollziehen. Man ist unwissenschaftlich in der Gesinnung, aber ergreift die Gebärde der Wissenschaftlichkeit. Der so Redende ist in seiner ständigen Verwandlung ein Proteus, unfaßbar, er sagt eigentlich nichts und scheint Außerordentliches zu versprechen. Ein ahnungsvolles Andeuten, ein Raunen, ein Spürenlassen des Geheimnisvollen macht ihn anziehend. Aber eine eigentliche Diskussion ist nicht möglich, sondern nur ein Hin- und Herreden in reizvoller Vielfachheit des Interessanten. Man kann nur mit eintreten in ein gemeinsames zielloses Zerfließen täuschender Ergriffenheit.

Die unverbindliche Unabhängigkeit kann erscheinen in der Form des Sich-nichts-angehen-Lassens in der Welt, die unerträglich wurde:

Der Tod ist gleichgültig. Er wird kommen. Warum sich erregen?

Man lebt aus der Lust der vitalen Kraft und im Schmerz ihres Versagens. Ein natürliches Ja gestattet, je zu fühlen und zu leben, wie es gerade ist. Man ist unpolemisch. Es lohnt nicht mehr. Liebe mit Wärme ist möglich, aber sie wird anvertraut der Zeit, dem Zerfließenden, schlechthin Unbeständigen. Es gibt nichts Unbedingtes.

Man lebt unbefangen, will nichts Besonderes tun oder sein. Man tut, was verlangt wird oder was gehörig scheint. Pathetik ist lächerlich. Man ist hilfsbereit in der Gemeinschaft des Alltäglichen.

Kein Horizont, keine Ferne, weder Vergangenheit noch Zukunft empfangen dieses Dasein, das nichts mehr erwartet, nur hier und jetzt lebt.

Die vielen Gestalten täuschender Unabhängigkeit, in die wir geraten können, macht die Unabhängigkeit selber verdächtig. Das ist gewiß: um wahre Unabhängigkeit zu gewinnen, bedarf es nicht nur der Durchhellung dieser Zweideutigkeiten, sondern auch des Bewußtseins der Grenzen aller Unabhängigkeit.

Absolute Unabhängigkeit ist unmöglich. Im Denken sind wir angewiesen auf Anschauung, die uns gegeben werden muß, im Dasein auf andere, mit denen wir in gegenseitiger Hilfe erst unser Leben ermöglichen. Als Selbstsein sind wir angewiesen auf anderes Selbstsein, mit dem in Kommunikation wir beide erst eigentlich zu uns selbst kommen. Es gibt keine isolierte Freiheit. Wo Freiheit ist, da ringt sie mit Unfreiheit, mit deren völliger Überwindung infolge Wegfalls aller Widerstände die Freiheit selbst aufgehoben wäre.

Daher sind wir unabhängig nur dann, wenn wir zugleich in die Welt verflochten sind. Unabhängigkeit kann nicht dadurch wirklich werden, daß ich die Welt verlasse. In der Welt unabhängig sein bedeutet vielmehr ein eigentümliches Verhalten zur Welt: dabei sein und zugleich nicht dabei sein, in ihr zugleich außer ihr sein. Das ist in folgenden Sätzen großer Denker bei aller Sinnverschiedenheit ein Gemeinsames:

Aristipp sagt in bezug auf alle Erfahrungen, Genüsse, Zustände des Glücks und Unglücks: ich habe, aber ich werde nicht gehabt; Paulus fordert von der notwendigen Teilnahme am irdischen Leben: haben, als ob man nicht hätte; in der Bhagavadgita heißt es: das Werk tun, aber nicht nach seinen Früchten streben; bei Laotse ist der Anspruch: Handeln durch Nichthandeln.

Worauf diese unvergänglichen philosophischen Sätze hinweisen, das bedarf der Deutung, und man kommt dabei nicht ans Ende. Es genügt hier für uns, daß es Weisen sind, die innere Unabhängigkeit auszusprechen. Unsere Unabhängigkeit von der Welt ist unlösbar von einer Weise der Abhängigkeit in der Welt.

Eine zweite Grenze der Unabhängigkeit ist, daß sie als sie selbst allein zu nichts wird:

Unabhängigkeit war negativ ausgedrückt als Freiheit von Angst, als Gleichgültigkeit gegen Unheil und Heil, als Unbeirrbarkeit des nur zusehenden Denkens, als Unerschütterlichkeit durch Gefühle und Triebe. Aber was hier unabhängig wurde, ist ein bloßer Punkt eines Ich überhaupt.

Der Gehalt der Unabhängigkeit kommt nicht aus ihr selbst. Sie ist nicht die Kraft einer Anlage, Vitalität, Rasse, nicht der Machtwille, nicht das Sichselberschaffen.

Das Philosophieren erwächst einer Unabhängigkeit in der Welt, welche identisch ist mit absoluter Bindung durch ihre Transzendenz. Eine vermeintliche Unabhängigkeit ohne Bindung wird alsbald leeres Denken, das heißt formales Denken, ohne beim Inhalt gegenwärtig zu sein, ohne an der Idee teilzunehmen, ohne auf Existenz gegründet zu sein. Diese Unabhängigkeit wird zur Beliebigkeit vor allem des Negierens. Es kostet sie nichts, alles in Frage zu stellen ohne irgendeine die Frage führende, bindende Macht.

Dagegen steht Nietzsches radikale These: Erst wenn kein Gott ist, wird der Mensch frei. Denn wenn Gott ist, wächst der Mensch nicht, weil er ständig gleichsam in Gott ausläuft wie ein ungestautes Wasser, das keine Kraft gewinnt. Aber gegen Nietzsche müßte man in diesem gleichen Bilde gerade umgekehrt sagen: Erst im Blick auf Gott steigert sich der Mensch, statt ungestaut auszulaufen in die Nichtigkeit bloßen Geschehens des Lebens.

Eine dritte Grenze unserer möglichen Unabhängigkeit ist die Grundverfassung unseres Menschseins. Wir stecken als Menschen in Grundverkehrungen, aus denen wir uns nicht herausreißen können. Mit dem ersten Erwachen unseres Bewußtseins geraten wir schon in Täuschungen.

Die Bibel deutet das mythisch aus dem Sündenfall. In der Philosophie Hegels wird die Selbstentfremdung des Menschen auf eine großartige Weise erhellt. Kierkegaard zeigt ergreifend das Dämonische in uns, daß man verzweifelt in Verschlossenheit sich verfängt. In der Soziologie wird auf gröbere Weise von den Ideologien, in der Psychologie von Komplexen geredet, die uns beherrschen.

Können wir des Verdrängens und Vergessens, des Verdeckens und Verhüllens, der Verkehrungen Herr werden, um wahrhaft zu unserer Unabhängigkeit zu gelangen? Paulus hat gezeigt, daß wir nicht wahrhaft gut sein können. Denn ohne Wissen ist gutes Handeln nicht möglich, weiß ich aber mein Handeln als gutes, so bin ich schon im Stolz, in der Sicherheit. Kant zeigte, wie bei unserem guten Handeln dieses das verborgene Motiv zu seiner Bedingung macht, daß es unserem Glück nicht allzusehr schade und es dadurch unrein werden läßt. Dieses radikal Böse können wir nicht überwinden.

Unsere Unabhängigkeit selbst bedarf der Hilfe. Wir können uns nur bemühen und müssen hoffen, daß uns – ohne Sichtbarkeit in der Welt – im Innern dann unbegreiflich zu Hilfe komme, was uns herausreißt aus der Verkehrung. Unsere mögliche Unabhängigkeit ist stets Abhängigkeit von der Transzendenz.

Wie läßt sich die heute mögliche Unabhängigkeit des Philosophierens umkreisen?

Keiner philosophischen Schule sich verschreiben, keine aussagbare Wahrheit als solche für die ausschließend eine und einzige halten, Herr seiner Gedanken werden;

nicht einen Besitz der Philosophie häufen, sondern das Philosophieren als Bewegung vertiefen;

ringen um Wahrheit und Menschlichkeit in der bedingungslosen Kommunikation;

sich fähig machen, von allem Vergangenen aneignend zu lernen, auf die Zeitgenossen zu hören, aufgeschlossen zu werden für alle Möglichkeiten;

und je als dieser Einzelne sich einsenken in die eigene Geschichtlichkeit, in diese Herkunft, in dies, was ich getan habe, übernehmen, was ich war, wurde und was mir geschenkt wird;

nicht aufhören, durch die eigene Geschichtlichkeit hineinzuwachsen in die Geschichtlichkeit des Menschseins im Ganzen und damit in das Weltbürgertum.

Wir glauben kaum einem Philosophen, der sich nicht anfechten läßt, glauben nicht der Ruhe des Stoikers, begehren nicht einmal die Unerschütterlichkeit, denn es ist unser Menschsein selbst, das uns in Leidenschaft und Angst geraten, in Tränen und im Jubel uns erfahren läßt, was ist. Daher: nur im Aufschwung aus der Gebundenheit an die Gemütsbewegungen, nicht durch ihre Tilgung kommen wir zu uns. Darum müssen wir uns hineinwagen, Menschen zu sein, und dann tun, was wir können, darin zu unserer erfüllten Unabhängigkeit vorzudringen. Dann werden wir leiden ohne zu jammern, verzweifeln ohne zu versinken, geschüttelt sein ohne ganz umgeworfen zu werden, wenn uns auffängt, was als innere Unabhängigkeit uns erwächst.

Philosophieren aber ist die Schule dieser Unabhängigkeit, nicht der Besitz der Unabhängigkeit.

11. Philosophische Lebensführung

Soll unser Leben nicht in Zerstreuung verlorengehen, so muß es in einer Ordnung sich finden. Es muß im Alltag von einem Umgreifenden getragen sein, Zusammenhang gewinnen im Aufbau von Arbeit, Erfüllung und hohen Augenblicken, sich vertiefen in der Wiederholung. Dann wird das Leben noch in der Arbeit eines immer gleichen Tuns durchdrungen von einer Stimmung, die sich bezogen weiß auf einen Sinn. Dann sind wir wie geborgen in einem Welt- und Selbstbewußtsein, haben unseren Boden in der Geschichte, der wir angehören, und in dem eigenen Leben durch Erinnerung und Treue.

Solche Ordnung kann dem Einzelnen zukommen aus der Welt, in der er geboren ist, aus der Kirche, die die großen Schritte von der Geburt bis zum Tode und die kleinen des Alltags formt und durchseelt. Der Einzelne erwirbt dann durch eigene Spontaneität, was ihm täglich sichtbar und gegenwärtig ist in seiner Umwelt. Anders in einer zerbrechenden Welt, in der das Überlieferte immer weniger geglaubt wird, und in einer Welt, die nur als äußere Ordnung besteht, ohne Symbolik und Transzendenz bleibt, die Seele leer läßt, dem Menschen nicht genugtut, sondern wo sie ihn frei läßt, ihn sich selber überläßt in Begehrlichkeit und Langeweile, in Angst und Gleichgültigkeit. Dann ist der Einzelne auf sich angewiesen. In philosophischer Lebensführung sucht er aus eigenen Kräften sich aufzubauen, was die Umwelt ihm nicht mehr bringt.

Der Wille zur philosophischen Lebensführung geht aus von dem Dunkel, in dem der Einzelne sich findet, von der Verlorenheit, wenn er ohne Liebe gleichsam ins Leere starrt, von der Selbstvergessenheit im Verzehrtsein durch den Betrieb, wenn er plötzlich erwacht, erschrickt und sich fragt: was bin ich, was versäume ich, was soll ich tun?

Jene Selbstvergessenheit wird gefördert durch die technische Welt. Geordnet durch die Uhr, abgeteilt in absorbierende oder leerlaufende Arbeiten, die immer weniger den Menschen als Menschen erfüllen, bringt sie zu dem Extrem, daß der Mensch sich als Maschinenteil fühlt, das wechselnd hier und dort eingesetzt wird, und, wenn freigelassen, nichts ist und mit sich nichts anfangen kann. Und wenn er gerade beginnt, zu sich zu kommen, will der Koloß dieser Welt ihn doch wieder hineinziehen in die alles verzehrende Maschinerie von leerer Arbeit und leerem Vergnügen der Freizeit.

Aber die Neigung zur Selbstvergessenheit liegt schon im Menschen als solchem. Es bedarf eines Sichherausreißens, um sich nicht zu verlieren an die Welt, an Gewohnheiten, an gedankenlose Selbstverständlichkeiten, an die festen Geleise.

Philosophieren ist der Entschluß, den Ursprung wach werden zu lassen, zurückzufinden zu sich und im inneren Handeln nach Kräften sich selbst zu helfen.

Zwar ist im Dasein das greifbar Erste: den sachlichen Aufgaben, der Forderung des Tages zu folgen. Aber darin nicht schon Genüge zu finden, vielmehr das bloße Arbeiten, das Aufgehen in den Zwecken schon als Weg zur Selbstvergessenheit und damit als Versäumnis und Schuld zu erfahren, das ist der Wille zur philosophischen Lebensführung. Und dann das Ernstnehmen der Erfahrung mit Menschen, des Glücks und der Kränkung, des Gelingens und Versagens, des Dunkeln und Verworrenen. Nicht vergessen, sondern innerlich aneignen, nicht sich ablenken, sondern innerlich durcharbeiten, nicht erledigt sein lassen, sondern durchhellen, das ist philosophische Lebensführung.

Sie geht zwei Wege: in der Einsamkeit die *Meditation* durch jede Weise der Besinnung – und mit Menschen die *Kommunikation* durch jede Weise des gegenseitigen Sichverstehens im Miteinanderhandeln, Miteinanderreden, Miteinanderschweigen.

Unerläßlich sind uns Menschen die täglichen Augenblicke tiefer Besinnung. Wir vergewissern uns, damit die Gegenwart des Ursprungs in der unausweichlichen Zerstreuung des Tages nicht ganz verschwindet.

Was die Religionen in Kultus und Gebet vollziehen, hat sein philosophisches Analogon in der ausdrücklichen Vertiefung, der Einkehr in sich zum Sein selbst. Das muß in Zeiten und Augenblicken geschehen, in denen wir nicht in der Welt für Zwecke der Welt beschäftigt sind, und in denen wir doch nicht leer bleiben, sondern gerade das Wesentliche berühren, sei es am Tagesbeginn, am Tagesabschluß, in Zwischenaugenblicken.

Die philosophische Besinnlichkeit hat im Unterschied von der kultischen kein heiliges Objekt, keinen heiligen Ort, keine feste Form. Die Ordnung, die wir uns für sie machen, wird nicht zur Regel, bleibt Möglichkeit in freier Bewegung. Die Besinnung ist im Unterschied von der kultischen Gemeinschaft eine einsame.

Was ist der mögliche Inhalt solcher Besinnung?

Erstens die Selbstreflexion. Ich vergegenwärtige mir, was ich den Tag getan, gedacht, gefühlt habe. Ich prüfe, was falsch war, wo ich unwahrhaftig mit mir selbst war, wo ich ausweichen wollte, wo ich unaufrichtig war. Ich sehe, wo ich mir zustimme und mich steigern möchte. Ich mache mir die Kontrolle bewußt, die ich über mich selbst vollziehe, und wie ich sie festhalte den Tag hindurch. Ich urteile über mich – in bezug auf mein einzelnes Verhalten, nicht in bezug auf das mir unzugängliche Ganze, das ich bin –, ich finde Grundsätze, nach denen ich mich richten will, fixiere mir vielleicht Worte, die ich im Zorn, in der Verzweiflung, in der Langeweile und anderen Selbstverlorenheiten mir zusprechen will, gleichsam Zauberworte, die mich erinnern (etwa: maßhalten, an den anderen denken, warten, Gott ist). Ich lerne aus der Überlieferung, die von den Pythagoräern über die Stoiker und Christen bis zu Kierkegaard und Nietzsche geht, mit ihren Forderungen der Selbstreflexion und der Erfahrung ihrer Unabschließbarkeit und der unbegrenzten Täuschungsfähigkeit.

Zweitens die transzendierende Besinnung. Am Leitfaden philosophischer Gedankengänge vergewissere ich mich des eigentlichen Seins, der Gottheit. Ich lese die Chiffern des Seins mit Hilfe der Dichtung und Kunst. Ich mache sie mir verständlich durch philosophische Vergegenwärtigung. Ich suche mich zu vergewissern des Zeitunabhängigen oder des Ewigen in der Zeit, suche zu berühren den Ursprung meiner Freiheit und durch sie das Sein selbst, suche hinabzudringen in den Grund gleichsam einer Mitwissenschaft mit der Schöpfung.

Drittens besinnen wir uns auf das, *was gegenwärtig zu tun ist.* Die Erinnerung des eigenen Lebens in Gemeinschaft ist der Hintergrund, auf dem die gegenwärtige Aufgabe bis zu den Kleinigkeiten dieses Tages hell wird, wenn ich in der unerläßlichen Intensität zweckhaften Denkens des umgreifenden Sinns verlustig gehe.

Was ich in der Besinnung für mich allein gewinne, das ist – wenn es alles wäre – wie nicht gewonnen.

Was sich nicht in Kommunikation verwirklicht, ist noch nicht, was nicht zuletzt in ihr gründet, ist ohne genügenden Grund. Die Wahrheit beginnt zu zweien.

Daher fordert die Philosophie: ständig Kommunikation suchen, sie rückhaltlos wagen, meine trotzige, sich in immer anderen Verkleidungen aufzwingende Selbstbehauptung hingeben, in der Hoffnung leben, daß ich mir unberechenbar wiedergeschenkt werde aus der Hingabe.

Daher muß ich ständig mich in Zweifel ziehen, darf nicht sicher werden, mich nicht halten an einen vermeintlichen festen Punkt in mir, der mich verläßlich durchleuchte und wahr beurteile. Solche Selbstgewißheit ist die verführendste Form der unwahrhaftigen Selbstbehauptung.

Vollziehe ich die Besinnung in der dreifachen Gestalt – der Selbstreflexion, der transzendierenden Besinnung, der Vergegenwärtigung der Aufgabe – und öffne ich mich uneingeschränkter Kommunikation, so wird mir unberechenbar gegenwärtig, was ich doch nie erzwingen kann: die Klarheit meiner Liebe, die verborgene und immer unsicher bleibende Forderung der Gottheit, die Offenbarkeit des Seins – und damit vielleicht die Ruhe in der bleibenden Unruhe unseres Lebens, das Vertrauen in den Grund der Dinge trotz entsetzlichen Unheils, die Unbeirrbarkeit des Entschlusses in den Schwankungen der Leidenschaften, die Verläßlichkeit der Treue in den verführenden Augenblicklichkeiten dieser Welt.

Werde ich in der Besinnung des Umgreifenden inne, aus dem ich lebe und besser leben kann, so strahlt die Besinnung aus als die Grundstimmung, die mich den Tag hindurch trägt in den unendlichen Tätigkeiten und noch in dem Hineingerissenwerden in den technischen Apparat. Denn das ist der Sinn der Augenblicke, in denen ich gleichsam zu mir heimkehre, daß eine Grundhaltung erworben werde, die hinter allen Stimmungen und Bewegungen des

Tages noch gegenwärtig bleibt, bindet und mich bei Entgleisungen, Verwirrungen, Affekten doch nicht ganz ins Bodenlose sinken läßt. Denn durch sie ist im Gegenwärtigen zugleich Erinnerung und Zukunft, etwas, das im Zusammenhang hält und Dauer hat.

Dann ist Philosophieren ineins Lebenlernen und Sterbenkönnen. Wegen der Unsicherheit des Daseins in der Zeit ist das Leben ständig ein Versuchen.

In diesem Versuchen kommt es darauf an, es zu wagen, hineinzugehen in das Leben, sich auszusetzen auch dem Äußersten und es nicht zu verschleiern, Redlichkeit im Sehen, Fragen und Antworten uneingeschränkt walten zu lassen. Und dann seinen Weg zu gehen, ohne das Ganze zu wissen, ohne handgreiflich zu haben, was eigentlich ist, ohne durch fälschliche Argumentation oder trügende Erfahrungen gleichsam das Guckloch zu finden, das objektiv aus der Welt unmittelbar in die Transzendenz zu blicken erlaubt, ohne das Wort Gottes, das eindeutig und direkt uns träfe, vielmehr die Chiffern der immer vieldeutigen Sprache der Dinge zu hören, und doch zu leben mit der Gewißheit der Transzendenz.

Von da her erst wird in diesem fragwürdigen Dasein das Leben gut, die Welt schön, das Dasein selbst erfüllend.

Wenn Philosophieren Sterbenlernen ist, so ist dieses Sterbenkönnen gerade die Bedingung für das rechte Leben. Lebenlernen und Sterbenkönnen ist dasselbe.

Besinnung lehrt die *Macht des Gedankens.*

Denken ist der Beginn des Menschseins. Im richtigen Erkennen der Gegenstände erfahre ich die Macht des Rationalen, so in den Operationen des Rechnens, in dem Erfahrungswissen von der Natur, in der technischen Planung. Die zwingende Kraft der Logik in den Schlüssen, die Einsicht in Kausalfolgen, die Handgreiflichkeit der Erfahrung sind um so größer, je reiner die Methode wird.

Aber das Philosophieren beginnt an den Grenzen dieses Wissens des Verstandes. Die Ohnmacht des Rationalen in dem, worauf es uns eigentlich ankommt: im Setzen der Ziele und letzten Zwecke, in der Erkenntnis des höchsten Gutes, in der Erkenntnis Gottes und der menschlichen Freiheit, erweckt ein Denken, das mit den Mitteln des Verstandes mehr als Verstand ist. Daher drängt das Philosophieren an die Grenzen der Verstandeserkenntnis, um sich zu entzünden.

Wer meint, alles zu durchschauen, philosophiert nicht mehr. Wer das Bescheidwissen durch Wissenschaften für Erkenntnis des Seins selbst und im Ganzen nimmt, ist einem Wissenschaftsaberglauben anheimgefallen. Wer nicht mehr staunt, fragt nicht mehr. Wer kein Geheimnis mehr kennt, sucht nicht mehr. Philosophieren kennt mit der Grundbescheidung an den Grenzen der Wissensmöglichkeiten die volle Offenheit für das an den Grenzen des Wissens sich unwißbar Zeigende.

An diesen Grenzen hört zwar das Erkennen, aber nicht das Denken auf. Mit meinem Wissen kann ich in technischer Anwendung äußerlich handeln, im Nichtwissen aber ist ein inneres Handeln möglich, in dem ich mich verwandle. Hier zeigt sich eine andere und tiefere Macht des Gedankens, der nicht mehr losgelöst auf einen Gegenstand geht, sondern im Innersten meines Wesens der Vollzug ist, in dem Denken und Sein dasselbe werden. Dieses Denken als inneres Handeln ist gemessen an äußerer Macht des Technischen wie nichts, es ist nicht als Anwendung meines Wissens zu gewinnen, nicht nach Absicht und Plan zu machen, aber es ist das eigentliche Hellwerden und Wesentlichwerden ineins.

Der Verstand (die ratio) ist der große Erweiterer, der die Gegenstände fixiert, die Spannungen des Seienden entfaltet und der auch erst alles, was nicht durch den Verstand faßbar ist, als es selbst machtvoll und klar werden läßt. Die Klarheit des Verstandes ermöglicht die Klarheit der Grenzen und wird zum Erwecker der eigentlichen Impulse, die Denken und Tun zugleich, inneres und äußeres Handeln ineins sind.

Man fordert vom Philosophen, er solle nach seiner Lehre leben. Dieser Satz drückt das mit ihm Gemeinte schlecht aus. Denn der Philosoph hat keine Lehre im Sinne von Vorschriften, unter die die einzelnen Fälle des realen Daseins subsumiert werden könnten, wie Dinge unter empirisch erkannte Gattungen, oder Tatbestände unter juristische Normen. Philosophische Gedanken lassen sich nicht anwenden, vielmehr sind sie die Wirklichkeit, von der man sagen kann: im Vollzug dieser Gedanken lebt der Mensch selbst oder: das Leben ist mit dem Gedanken durchdrungen. Daher die Untrennbarkeit von Menschsein und Philosophieren (im Unterschied von der Trennbarkeit des Menschen von seiner wissenschaftlichen Erkenntnis), und die Notwendigkeit, einen philosophischen Gedanken nicht nur nachzudenken, sondern mit diesem Gedanken zugleich des philosophischen Menschseins innezuwerden, das ihn gedacht hat.

Das philosophische Leben droht ständig in *Verkehrungen* verlorenzugehen, zu denen die philosophischen Sätze selber als Rechtfertigung genutzt werden. Die Ansprüche des Daseinswillens verschleiern sich in Formeln der Existenzerhellung:

Die Ruhe wird zur Passivität, das Vertrauen zu täuschendem Glauben an die Harmonie aller Dinge, das Sterbenkönnen zur Weltflucht, die Vernunft zur alles gehenlassenden Gleichgültigkeit. Das Beste verkehrt sich in das Schlechteste.

Der Kommunikationswille täuscht sich in widersprüchlichen Verschleierungen: Man will geschont sein und hält doch den Anspruch aufrecht auf absolute Selbstgewißheit in Selbstdurchleuchtung. Man begehrt Entschuldigung wegen seiner Nerven und beansprucht doch, als frei anerkannt zu werden. Man übt Vorsicht, Schweigen und verborgene Abwehr, während man rückhaltlose Kommunikationsbereitschaft ausspricht. Man denkt an sich, während man von der Sache zu reden meint.

Das philosophische Leben, das diese Verkehrungen in sich durchschauen und überwinden will, weiß sich in der Unsicherheit, die darum ständig ausschaut nach Kritik, die den Gegner sucht und die Infragestellung begehrt, hören will, nicht um sich zu unterwerfen, sondern um in der eigenen Selbstdurchhellung vorangetrieben zu werden. Dieses Leben findet Wahrheit und ungesuchte Bestätigung im sich ergebenden Einklang mit dem andern, wenn alle Offenheit und Rücksichtslosigkeit in der Kommunikation war.

Das Philosophieren muß sogar die Möglichkeit voller Kommunikation unsicher bleiben lassen, wenn es auch aus dem Glauben an Kommunikation lebt und es daraufhin wagt. Man kann an sie glauben, aber sie nicht wissen. Man hat sie verloren, wenn man sich in ihrem Besitze meint.

Denn es sind die schrecklichen Grenzen, die doch vom Philosophieren nie als endgültig anerkannt werden: das In-Vergessenheitversinken-Lassen, das Zulassen und Anerkennen des Nichtdurchhellten. Ach, wir reden so viel, wo das, worauf es ankommt, ganz einfach, zwar nicht in einem allgemeinen Satze, aber in einem Signum für die konkrete Situation zu treffen ist.

Wo die Verkehrungen sind und die Verstrickungen und die Verwirrungen, da ruft der moderne Mensch nach dem Nervenarzt. In der Tat gibt es körperliche Krankheiten und Neurosen, die in Beziehung stehen zu unserer seelischen Verfassung. Sie auffassen, sie kennen, mit ihnen umgehen, das gehört zum realistischen Verhalten. Die menschliche Instanz des Arztes soll nicht umgangen werden, wo der Arzt wirklich etwas auf Grund kritischer Erfahrung weiß und kann. Aber heute ist auf Grund der Psychotherapie etwas erwachsen, was nicht mehr ärztlich auf Grund medizinischer Wissenschaft ist, sondern philosophisch, und das daher der ethischen und metaphysischen Prüfung bedarf wie jede philosophische Bemühung.

Das Ziel der philosophischen Lebensführung ist nicht zu formulieren als ein Zustand, der erreichbar und dann vollendet wäre. Unsere Zustände sind nur die Erscheinung des ständigen Bemühens unserer Existenz oder ihres Versagens. Unser Wesen ist Auf-dem-Wege-Sein. Wir möchten durchstoßen durch die Zeit. Das ist nur in Polaritäten möglich:

Nur ganz in dieser Zeit unserer Geschichtlichkeit existierend erfahren wir etwas von ewiger Gegenwart.

Nur als je bestimmter Mensch in dieser Gestalt werden wir des Menschseins schlechthin gewiß.

Nur wenn wir das eigene Zeitalter als unsere umgreifende Wirklichkeit erfahren, können wir dieses Zeitalter im Einen der Geschichte ergreifen und in dieser die Ewigkeit.

Im Aufschwung berühren wir hinter unseren Zuständen den heller werdenden Ursprung, aber in ständiger Gefahr der Verdunkelung.

Dieser Aufschwung philosophischen Lebens ist je dieser dieses Menschen. Er muß als einzelner in Kommunikation vollziehen, in der es kein Abschieben auf andere gibt.

Den Aufschwung gewinnen wir nur in den geschichtlich konkreten Wahlakten unseres Lebens, nicht durch die Wahl einer in Sätzen mitgeteilten sogenannten Weltanschauung.

Die philosophische Situation in der Zeit sei zum Abschluß im Gleichnis charakterisiert:

Nachdem der Philosoph auf dem sicheren Boden des Festlandes – in realistischer Erfahrung, in Einzelwissenschaften, in Kategorien- und Methodenlehre – sich orientiert und an den Grenzen dieses Landes die Welt der Ideen in ruhigen Bahnen durchlaufen hat, flattert er schließlich am Gestade des Ozeans wie ein Schmetterling, hinausdrängend auf das Wasser, erspähend ein Schiff, mit dem er auf die Entdeckungsreise fahren möchte zur Erforschung des Einen, das als Transzendenz ihm in seiner Existenz gegenwärtig ist. Er späht nach dem Schiffe – der Methode des philosophischen Denkens und der philosophischen Lebensführung –, dem Schiff, das er sieht und doch nicht endgültig erreicht hat; so müht er sich und macht vielleicht die wunderlichsten Taumelbewegungen.

Wir sind solche Falter, und wir sind verloren, wenn wir die Orientierung am festen Lande aufgeben. Aber wir sind nicht zufrieden, dort zu bleiben. Darum ist unser Flattern so unsicher und vielleicht so lächerlich für die, die auf dem festen Lande sichersitzen und befriedigt sind, nur begreiflich für jene, die die Unruhe erfaßt hat. Ihnen wird die Welt zum Ausgangspunkt für jenen Flug, auf den alles ankommt, den jeder aus eigenem antreten und in Gemeinschaft wagen muß, und der als solcher nie Gegenstand einer eigentlichen Lehre werden kann.

12. Geschichte der Philosophie

Die Philosophie ist so alt wie die Religion und älter als alle Kirchen. Sie war durch die Höhe und Reinheit ihrer vereinzelten menschlichen Erscheinungen und durch die Wahrhaftigkeit ihres Geistes der kirchlichen Welt, die sie als das andere bejaht, nicht immer, aber zumeist gewachsen. Doch sie ist ihr gegenüber in Ohnmacht mangels eigener soziologischer Gestalt. Sie lebt im zufälligen Schutz von Mächten in der Welt, auch kirchlichen. Sie bedarf glücklicher soziologischer Situationen, um sich objektiv im Werk zu zeigen. Ihre eigentliche Wirklichkeit ist jedem Menschen jederzeit offen; sie ist in irgendeiner Gestalt allgegenwärtig, wo Menschen leben.

Die Kirchen sind für alle, die Philosophie für einzelne. Die Kirchen sind sichtbare Machtorganisationen der Menschenmassen in der Welt. Die Philosophie ist Ausdruck eines Reichs der Geister, die durch alle Völker und Zeitalter hindurch miteinander verbunden sind ohne Instanz in der Welt, die ausschließt oder aufnimmt.

Solange die Kirchen dem Ewigen verbunden sind, ist ihre äußere Macht zugleich erfüllt aus dem Innersten der Seele. Je mehr sie das Ewige in den Dienst ihrer Macht in der Welt stellen, desto unheimlicher zeigt sich dann diese Macht, die wie jede andere Macht böse wird.

Solange die Philosophie ewige Wahrheit berührt, beflügelt sie ohne Gewalt, bringt sie der Seele Ordnung aus ihrem innersten Ursprung. Je mehr sie aber ihre Wahrheit in den Dienst zeitlicher Mächte stellt, desto mehr verführt sie zur Selbsttäuschung in Daseinsinteressen und zur Anarchie der Seele. Je mehr sie schließlich nichts weiter als Wissenschaft sein will, desto leerer wird sie dann als eine Spielerei, die weder Wissenschaft noch Philosophie ist.

Die unabhängige Philosophie fällt keinem Menschen von selber zu. Niemand wird in sie hineingeboren. Sie muß stets neu erworben werden. Sie ist zu ergreifen nur von dem, der sie aus seinem eigenen Ursprung heraus erblickt. Der erste noch verschwindende Blick auf sie kann den Einzelnen entzünden. Auf die Entzündung durch Philosophie folgt das Studium der Philosophie.

Dieses ist dreifach: *Praktisch* an jedem Tage im inneren Handeln; *sachlich* im Erfahren der Gehalte, durch Studium der Wissenschaften, der Kategorien, der Methoden und der Systematiken; *historisch* durch Aneignung der philosophischen Überlieferung. Was in der Kirche die Autorität, ist für den Philosophierenden die Wirklichkeit, die aus der Geschichte der Philosophie ihn anspricht.

Wenden wir uns der Philosophiegeschichte zu im Interesse für das eigene gegenwärtige Philosophieren, so können wir den Horizont nicht weit genug nehmen.

Die Mannigfaltigkeit der philosophischen Erscheinungen ist außerordentlich. Die Upanischaden wurden gedacht in den indischen Dörfern und Wäldern, abseits von der Welt in Einsamkeit oder innigem Zusammenleben von Lehrer und Schüler, Kautilya dachte als Minister, der ein Reich gründete, Konfuzius als Lehrer, der seinem Volke die Bildung und die wahre politische Wirklichkeit zurückbringen wollte, Plato als Aristokrat, dem die ihm seiner Herkunft nach bestimmte politische Tätigkeit in seinem Gemeinwesen wegen dessen sittlicher Verwahrlosung unmöglich schien, Bruno, Descartes, Spinoza als auf sich gestellte Menschen, die im einsamen Denken die Wahrheit für sich entschleiern wollten, Anselm als Mitbegründer kirchlich-aristokratischer Wirklichkeit, Thomas als Glied der Kirche, Nicolaus Cusanus, der Kardinal, in Einheit seines kirchlichen und philosophischen Lebens, Macchiavelli als gescheiterter Staatsmann, Kant, Hegel, Schelling als Professoren im Zusammenhang ihrer Lehrtätigkeit.

Wir müssen uns befreien von der Vorstellung, daß das Philosophieren an sich und wesentlich eine Professorenangelegenheit sei. Es ist eine Sache des Menschen, wie es scheint, unter allen Bedingungen und Umständen, des Sklaven wie des Herrschers. Wir verstehen die geschichtliche Erscheinung des Wahren erst in der Welt, in der sie erwuchs, und in dem Schicksal der Menschen, die sie dachten. Sind diese Erscheinungen der unseren fern und fremd, so werden sie gerade dadurch erhellend für uns. Den philosophischen Gedanken und den Denker müssen wir in ihrer leibhaften Wirklichkeit aufsuchen. Das Wahre schwebt nicht losgelöst in der Luft der Abstraktion für sich, sich selber tragend.

Berührung mit der Philosophiegeschichte gewinnen wir dort, wo wir in gründlichem Studium eines Werkes zusammen mit der Welt, in der es entstand, in möglichst nächster Nähe dabei sind.

Von da aber suchen wir Aspekte, die uns das geschichtliche Ganze des Philosophierens in einer Gliederung vor Augen stellen, fragwürdig zwar, aber als Leitfaden zur Orientierung in den weiten Räumen.

Das Ganze der Philosophiegeschichte von zweieinhalb Jahrtausenden ist wie ein einziger großer Augenblick des Sichbewußtwerdens des Menschen. Dieser Augenblick ist zugleich die unendliche Diskussion, zeigt die Kräfte, die aufeinanderstoßen, die Fragen, die unlösbar scheinen, die hohen Werke und die Abgleitungen, tiefe Wahrheit und einen Wirbel des Irrens.

Im philosophiegeschichtlichen Wissen suchen wir das Schema eines Rahmens, in dem die philosophischen Gedanken ihren historischen Ort haben. Nur eine Weltgeschichte der Philosophie zeigt, wie Philosophie historisch zur Erscheinung gekommen ist, in den verschiedensten gesellschaftlichen und politischen Zuständen und persönlichen Situationen.

In sich selbständige Entwicklungen des Gedankens finden in China, Indien und dem Abendland statt. Trotz gelegentlicher Verbindung ist die Trennung dieser drei Welten bis um die Zeit um Christi Geburt so einschneidend, daß jede wesentlich aus sich selbst begriffen werden muß. Später ist die stärkste Einwirkung die des in Indien entstandenen Buddhismus auf China, vergleichbar der des Christentums auf das westliche Abendland.

In den drei Welten hat die Entwicklung eine analoge Kurve. Nach einer historisch schwer aufhellbaren Vorgeschichte entstehen die Grundgedanken überall in der Achsenzeit (800–200 v. Chr.). Dann folgt eine Auflösung und die Konsolidierung der großen Erlösungsreligionen, folgen immer wiederkehrende Erneuerungen, folgen zusammenfassende, systematisch entworfene Systeme (Scholastik) und besonders bis ins Äußerste getriebene logische Spekulationen von sublimem metaphysischem Sinn.

Diese synchronistische Typengliederung der dreifachen historischen Entwicklung hat im Abendland ihre Besonderheit erstens durch viel stärkere, in geistigen Krisen und Entwicklungen sich erneuernde Bewegung, zweitens durch die Mannigfaltigkeit der Sprachen und Völker, die die Gedanken zum Ausdruck bringen, drittens durch die einzigartige Entwicklung der Wissenschaft.

Die abendländische Philosophie gliedert sich historisch in vier aufeinander folgende Bereiche:

Erstens: *Die griechische Philosophie.* Sie ging den Weg vom Mythos zum Logos, schuf die Grundbegriffe des Abendlandes, die Kategorien und möglichen Grundpositionen im Erdenken des Ganzen von Sein, Welt und Mensch. Uns bleibt sie das Reich der Typik des Einfachen, durch deren Aneignung wir Klarheit bewahren müssen.

Zweitens: *Die christlich-mittelalterliche Philosophie.* Sie ging den Weg von der biblischen Religion zu ihrem gedanklichen Verständnis, von der Offenbarung zur Theologie. In ihr erwuchs nicht nur die bewahrende und erziehende Scholastik. In schaffenden Denkern trat eine Welt an das Licht, die ursprünglich religiös und philosophisch in einem ist, vor allem in Paulus, Augustin, Luther. Uns bleibt, das Geheimnis des Christentums in diesem weiten Denkbereich für uns lebendig zu erhalten.

Drittens: *Neuere europäische Philosophie.* Sie entstand gemeinsam mit der modernen Naturwissenschaft und der neuen persönlichen Unabhängigkeit des Menschen gegenüber jeglicher Autorität. Kepler und Galilei auf der einen Seite, Bruno und Spinoza auf der anderen, repräsentieren die neuen Wege. Uns bleibt dort die Vergewisserung des Sinns eigentlicher Wissenschaft – der zugleich von Anfang an auch verkehrt wurde – und des Sinns der persönlichen Freiheit der Seele.

Viertens: *Die Philosophie des deutschen Idealismus.* Von Lessing und Kant bis zu Hegel und Schelling geht ein Weg von Denkern, die an kontemplativer Tiefe vielleicht alles überragen, was bis dahin im Abendland gedacht worden war. Ohne den Hintergrund einer großen Wirklichkeit von Staat und Gesellschaft, in verborgenem privatem Dasein, erfüllt vom Ganzen der Geschichte und des Kosmos, reich an spekulativer Kunst des Gedankens und an Visionen der menschlichen Gehalte, richteten sie, welthaltig, ohne wirkliche Welt, ihre großen Werke auf. Uns bleibt, in ihnen die mögliche Tiefe und Weite zu gewinnen, die ohne sie verloren wäre.

Bis ins siebzehnte Jahrhundert und noch länger stand alles Denken im Abendland unter Führung der Antike, der Bibel, Augustins. Das hört seit dem achtzehnten Jahrhundert langsam auf. Man glaubt, sich ohne Geschichte auf die eigene Vernunft allein gründen zu können. Während als wirksame Kraft das überlieferte Denken verschwand, nahm ein gelehrtes historisches Wissen von der Philosophiegeschichte zu, aber beschränkt auf engste Kreise. Man kann heute alles überlieferte Denken leichter kennenlernen, in Editionen und Nachschlagewerken zur Verfügung haben, als zu irgendeiner früheren Zeit.

Seit dem zwanzigsten Jahrhundert steigerte sich das Vergessen jener tausendjährigen Grundlagen zugunsten eines zerstreuten technischen Wissens und Könnens, eines Wissenschaftsaberglaubens, illusionärer Diesseitsziele, passiver Gedankenlosigkeit.

Schon seit der Mitte des neunzehnten Jahrhunderts tritt das Bewußtsein des Endes auf und die Frage, wie nun noch Philosophie möglich sei. Die Kontinuität der neueren Philosophie in den westlichen Ländern, die Professorenphilosophie in Deutschland, die das große Erbe historisch pflegte, konnten über das Ende einer tausendjährigen Erscheinungsform der Philosophie nicht hinwegtäuschen.

Die epochalen Philosophen sind Kierkegaard und Nietzsche, Gestalten eines Typus, wie sie früher nicht da waren, offenbar zugeordnet zur Krisis dieses Zeitalters, geistig in weitem Abstand von ihnen auch Marx, der in der Massenwirkung alle übertraf.

Ein Denken im Äußersten wird möglich, das alles in Frage stellt, um zum tiefsten Ursprung zu gelangen, alles abschüttelt, um den Blick in die Existenz, das Unbedingte, die Gegenwärtigkeit freizubekommen in einer durch das technische Zeitalter radikal verwandelten Welt.

Solche Übersichten werden im Blick auf die Gesamtheit der Philosophiegeschichte entworfen. Sie sind oberflächlich. Man möchte tiefere Zusammenhänge im Ganzen spüren. Folgende Fragen sind zum Beispiel versucht:

Erstens: *Die Frage nach der Einheit der Philosophiegeschichte.* Diese Einheit ist nicht Tatbestand, sondern Idee. Wir suchen diese Einheit, aber erreichen nur partikulare Einheiten.

Wir sehen etwa einzelne Problementfaltungen (zum Beispiel der Frage nach dem Leib-Seele-Verhältnis), aber die historischen Tatbestände koinzidieren zeitlich nur zum Teil mit einer gedanklich konsequenten Konstruktion. Es lassen sich Systemfolgen zeigen, so zum Beispiel die Konstruktion der deutschen, dann aller Philosophie auf Hegel hin, wie sie von ihm gesehen wurde. Aber solche Konstruktion vergewaltigt, bemerkt nicht, was aus früherem Philosophieren dem Hegelschen Denken tödlich ist, für dieses daher als nicht vorhanden gilt, läßt aus, was dem andern Denken gerade das Wesentliche war. Keine Konstruktion der Philosophiegeschichte als einer sinnvoll konsequenten Folge von Positionen fällt mit der historischen Tatsächlichkeit zusammen.

Jeder konstruktive Rahmen eines Einheitsentwurfs wird gesprengt durch die Genialität des einzelnen Philosophen. In der faktischen Bindung an nachweisbare Zusammenhänge bleibt doch das Unvergleichliche alles Großen, das immer wie ein Wunder gegenüber der verstehbaren Entwicklung da ist.

Die Idee der Einheit der Philosophiegeschichte möchte jene ewige Philosophie treffen, welche als ein in sich zusammenhängendes Leben sich geschichtlich ihre Organe und Gebilde, ihre Kleider und Werkzeuge schafft, aber in ihnen nicht aufgeht.

Zweitens: *Die Frage nach dem Anfang und seiner Bedeutung.* Anfang ist das einmal in der Zeit beginnende Denken. Ursprung ist das jederzeit zugrundeliegende Wahre.

Aus den Mißverständnissen und Verkehrungen des Gedankens müssen wir jederzeit zurückkehren zum Ursprung. Statt diesen zu suchen am Leitfaden der gehaltvollen überlieferten Texte auf dem Wege zum eigenen ursprünglichen Philosophieren, entsteht die Verwechslung: im zeitlichen Anfang sei der Ursprung zu finden; so bei den ersten vorsokratischen Philosophen, im anfänglichen Christentum, in der anfänglichen Buddhalehre. Der jederzeit notwendige Weg zum Ursprung nimmt fälschlich die Form an des Weges zur Entdeckung der Anfänge.

Die für uns noch erreichbaren Anfänge sind zwar von hohem Zauber. Aber ein absoluter Anfang ist in der Tat unauffindbar. Was für unsere Überlieferung Anfang ist, ist ein relativer Anfang, war selber immer schon ein Ergebnis aus Voraussetzungen.

Es ist daher ein Grundsatz geschichtlicher Vergegenwärtigung, uns an das zu halten, was in überlieferten echten Texten wirklich da ist. Geschichtliche Anschauung gewährt allein das Sichvertiefen in das Erhaltene. Es ist vergebliches Bemühen, das Verlorene zu ergänzen, das ihm Vorhergehende zu konstruieren, die Lücken zu füllen.

Drittens: *Die Frage nach Entwicklung und Fortschritt in der Philosophie.* Es sind Gestaltenfolgen in der Philosophiegeschichte zu beobachten, zum Beispiel der Weg von Sokrates zu Plato und Aristoteles, der Weg von Kant bis Hegel, von Locke bis Hume. Aber schon solche Reihen sind falsch, wenn man meint, der je spätere habe die Wahrheit des früheren bewahrt und übertroffen. Das jeweils Neue wird auch in solchen zusammenhängenden Generationsfolgen aus dem Vorhergehenden nicht begriffen. Das Wesentliche im Vorhergehenden ist oft verlassen, vielleicht nicht einmal mehr verstanden.

Es gibt Welten geistigen Austausches, die für eine Weile sich halten, in die hinein der einzelne Denker sein Wort spricht, so die griechische Philosophie, die Scholastik, die »deutsche philosophische Bewegung« von 1760 bis 1840. Es sind Zeitalter lebendigen Miteinanders im ursprünglichen Denken. Dann gibt es andere Zeitalter, wo die Philosophie als Bildungsphänomen fortdauert, andere, wo sie fast verschwunden scheint.

Irreführend ist der Aspekt einer Totalentwicklung der Philosophie als Fortschrittsprozeß. Die Philosophiegeschichte ähnelt der Kunstgeschichte durch Unersetzlichkeit und Einmaligkeit ihrer höchsten Werke. Sie ähnelt der Wissenschaftsgeschichte darin, daß sich vermehrende Kategorien und Methoden ihre Werkzeuge sind, die bewußter gebraucht werden. Sie ähnelt der Religionsgeschichte durch eine Folge ursprünglicher Glaubenshaltungen, die sich in ihr gedanklich aussprechen.

Auch Philosophiegeschichte hat ihre schöpferischen Zeitalter. Aber Philosophie ist jederzeit ein Wesenszug des Menschen. Abweichend von anderer Geistesgeschichte kann in vermeintlichen Verfallszeiten plötzlich ein Philosoph ersten Ranges auftreten. Plotin im dritten, Scotus Eriugena im neunten Jahrhundert sind isolierte Gestalten, sind einmalige Gipfel. Sie stehen mit dem Material ihrer

Gedanken im Zusammenhang der Überlieferung, sind vielleicht in allen einzelnen Gedanken abhängig und bringen doch im Ganzen eine neue, große Grundbestimmung des Denkens.

In der Philosophie ist es darum nie in bezug auf ihr Wesen zu sagen erlaubt, sie sei zu Ende. In jeder Katastrophe bleibt vielleicht die Philosophie immer als tatsächliches Denken Einzelner, unberechenbar auch in einsamen Werken aus geistig sonst fruchtlosen Zeiten. Philosophie ist wie Religion in jeder Zeit.

Entwicklung ist für Philosophiegeschichte auch darum nur ein unwesentlicher Gesichtspunkt, weil jede große Philosophie in sich vollendet, ganz, eigenständig ohne Bezug auf geschichtliche umfassendere Wahrheit lebt. Wissenschaft geht auf einem Wege, auf dem jeder Schritt durch einen späteren übertroffen wird. Philosophie muß ihrem Sinne nach je in einem einzelnen Menschen ganz werden. Darum ist es sinnwidrig, Philosophen zu subalternisieren als Schritte auf einem Wege, als Vorstufen.

Viertens: *Die Frage nach der Rangordnung.* Das Philosophieren wird sich im einzelnen Denker und in typischen Zeitanschauungen einer Rangordnung bewußt. Die Philosophiegeschichte ist kein nivelliertes Feld zahlloser gleichberechtigter Werke und Denker. Es gibt Sinnzusammenhänge, die nur von wenigen erreicht werden. Vor allem gibt es Höhepunkte, Sonnen im Heer der Sterne. Aber es gibt dies alles nicht in einer Weise, daß es als einzige, für alle geltende endgültige Rangordnung bestände.

Es ist ein gewaltiger Abstand zwischen dem, was in einem Zeitalter alle meinen, und dem Gehalt der in dieser Zeit geschaffenen philosophischen Werke. Was der Verstand aller selbstverständlich findet, kann ebenso als Philosophie ausgesprochen werden wie das unendlich Deutbare der Werke der großen Philosophen. Die Ruhe beschränkter Einsicht einer Zufriedenheit mit der von ihr gesehenen Welt, dann der Drang ins Weite, dann das fragende Stehen an der Grenze – alles heißt Philosophie.

Wir nannten die Geschichte der Philosophie das Analogon der Autorität religiöser Überlieferung. Im Philosophieren haben wir zwar keine kanonischen Bücher, wie sie die Religionen besitzen, keine Autorität, der einfach zu folgen wäre, keine Endgültigkeit der Wahrheit, die da ist. Aber die Gesamtheit der geschichtlichen Überlieferung des Philosophierens, dieses Depositum unerschöpflicher Wahrheit, zeigt die Wege zum gegenwärtigen Philosophieren. Die Überlieferung ist die mit nie aufhörender Erwartung erblickte Tiefe der schon gedachten Wahrheit, ist die Unergründlichkeit der wenigen großen Werke, ist die mit Ehrfurcht hingenommene Wirklichkeit der großen Denker.

Das Wesen dieser Autorität ist, daß man ihr nicht eindeutig gehorchen kann. Es ist die Aufgabe, durch sie in eigener Vergewisserung zu sich selbst zu kommen, in ihrem Ursprung den eigenen Ursprung wiederzufinden.

Nur aus dem Ernst gegenwärtigen Philosophierens kann eine Berührung mit der ewigen Philosophie in historischer Erscheinung gelingen. Die historische Erscheinung ist das Mittel für die Verbundenheit in der Tiefe zu gemeinsamer Gegenwart.

Historische Forschung erfolgt daher in Stufen der Nähe und Ferne. Der gewissenhaft Philosophierende weiß, womit er jeweils zu tun hat, wenn er in den Texten forscht. Die Vordergründe müssen klar und zum sicheren Besitz verständigen Wissens werden. Aber Sinn und Gipfel historischen Eindringens sind die Augenblicke des Einverständnisses im Ursprung. Da leuchtet auf, was allen Vordergrundsforschungen erst ihren Sinn gibt und sie zugleich zur Einheit bringt. Ohne diese Mitte des philosophischen Ursprungs ist alle Historie der Philosophie am Ende der Bericht einer Kette von Irrtümern und Kuriositäten.

So wird die Geschichte, nachdem sie erweckte, zum Spiegel des Eigenen: im Bild schaue ich an, was ich selber denke.

Philosophiegeschichte – ein Raum, in dem ich denkend atme – zeigt Vorbilder für das eigene Suchen, in nicht nachahmbarer Vollendung. Sie stellt in Frage durch das, was in ihr versucht wurde, gelang und scheiterte. Sie ermutigt durch das sichtbare Menschsein Einzelner in ihrer Unbedingtheit auf dem Gang ihres Weges.

Eine vergangene Philosophie als die unsere nehmen, das ist so wenig möglich, wie ein altes Kunstwerk noch einmal hervorzubringen. Man kann es nur täuschend kopieren. Wir haben keinen Text wie die frommen Bibelleser, in dem wir die absolute Wahrheit hätten. Daher lieben wir die alten Texte, wie wir alte Kunstwerke lieben, wir versenken uns in die Wahrheit der einen wie der anderen, greifen zu ihnen, aber es bleibt eine Ferne, etwas Unerreichbares und etwas Unerschöpfbares, mit dem wir doch ständig leben, und schließlich etwas, in dem wir den Absprung gewinnen zum gegenwärtigen Philosophieren.

Denn der Sinn des Philosophierens ist Gegenwärtigkeit. Wir haben nur eine Wirklichkeit, hier und jetzt. Was wir durch unser Ausweichen versäumen, kehrt nie wieder, aber wenn wir uns vergeuden, auch dann verlieren wir das Sein. Jeder Tag ist kostbar: ein Augenblick kann alles sein.

Wir werden schuldig an unserer Aufgabe, wenn wir aufgehen in Vergangenheit oder Zukunft. Nur durch gegenwärtige Wirklichkeit ist das Zeitlose zugänglich, nur durch Ergreifen der Zeit kommen wir dahin, wo alle Zeit getilgt ist.

Anhang

Meine beiden umfangreichen philosophischen Hauptwerke sind:

1. *Philosophie.* 1932. Dritte Auflage 1956. Springer-Verlag, Berlin und Heidelberg.
2. *Von der Wahrheit.* 1947. Zweite Auflage 1958. R. Piper & Co. Verlag, München.

Einige kleinere Schriften entwickeln ausführlicher den Inhalt dieser Radiovorträge:

1. *Der philosophische Glaube.* 1948. Vierte Auflage 1955. R. Piper & Co. Verlag, München. 1948. Artemis-Verlag, Zürich.
2. *Vernunft und Existenz.* 1935. Vierte Auflage 1960. R. Piper & Co. Verlag, München.

Für das Verständnis der Philosophie in unserem Zeitalter:

1. *Die geistige Situation der Zeit.* 1931. Neunte Auflage 1960. Walter de Gruyter & Co., Berlin.
2. *Vom Ursprung und Ziel der Geschichte.* 1949. Dritte Auflage 1952. R. Piper & Co. Verlag, München. 1949. Artemis-Verlag, Zürich.
3. *Die Atombombe und die Zukunft des Menschen.* 1958. Vierte Auflage 1960. R. Piper & Co. Verlag, München.

Zur Interpretation von Philosophen schrieb ich:

1. *Descartes und die Philosophie.* 1937. Dritte Auflage 1956. Walter de Gruyter & Co., Berlin.
2. *Nietzsche,* Einführung in das Verständnis seines Philosophierens. 1936. Dritte Auflage 1949. Walter de Gruyter & Co., Berlin.
3. *Nietzsche und das Christentum.* 1946. Zweite Auflage 1952. R. Piper & Co. Verlag, München.
4. *Max Weber,* Politiker, Forscher, Philosoph. 1932. Vierte Auflage 1958. R. Piper & Co. Verlag, München (Piper-Bücherei).
5. *Die großen Philosophen.* 1957. Zweite Auflage 1959. R. Piper & Co. Verlag, München.

Wie Philosophieren in Gestalt konkreter Wissenschaft stattfinden kann, zeigen meine Schriften:

1. *Allgemeine Psychopathologie.* 1913. Siebente Auflage 1959. Springer-Verlag, Berlin und Heidelberg.
2. *Strindberg und van Gogh.* 1922. Dritte Auflage 1951. R. Piper & Co. Verlag, München.

Wenn Philosophie den Menschen als Menschen angeht, so muß sie auch allgemein verständlich werden können. Zwar nicht die schwierigen Entfaltungen philosophischer Systematik, wohl aber einige Grundgedanken sollten auch in Kürze mitteilbar sein. Ich wollte von der Philosophie etwas fühlbar werden lassen, was jedermann angeht. Aber ich versuchte es, ohne abzulassen von dem Wesentlichen, auch wenn es an sich schwierig bleibt. Nur um Ansätze konnte es sich dabei handeln und einen kleinen

Ausschnitt aus den Möglichkeiten philosophischen Denkens. Viele große Gedanken sind nicht einmal im Ansatz berührt. Das Ziel war die Anregung zu eigener Besinnlichkeit.

Dem Leser, der bei seiner philosophischen Besinnung nach Leitfäden sucht, gebe ich im folgenden eine weiter führende Orientierung für seine Studien.

1. Über das Studium der Philosophie

Im Philosophieren handelt es sich um das Unbedingte, Eigentliche, das gegenwärtig wird im wirklichen Leben. Jeder Mensch als Mensch philosophiert.

Aber gedanklich im Zusammenhang ist dieser Sinn keineswegs in schnellem Zugriff zu erreichen. Das systematische philosophische Denken erfordert ein Studium. Dieses Studium schließt in sich drei Wege:

Erstens: *Die Teilnahme an wissenschaftlicher Forschung.* Diese hat ihre beiden Wurzeln in der Naturwissenschaft und in der Philologie und verzweigt sich in eine schwer übersehbare Mannigfaltigkeit der wissenschaftlichen Fächer. Durch Erfahrung in den Wissenschaften, ihren Methoden, ihrem kritischen Denken wird eine wissenschaftliche Haltung erworben, die unerläßliche Voraussetzung ist für die Wahrhaftigkeit im Philosophieren.

Zweitens: *Das Studium großer Philosophen.* Man findet zur Philosophie nicht ohne den Weg über ihre Geschichte. Dieser Weg ist für den Einzelnen gleichsam ein Hinaufranken am Stamme großer originaler Werke. Aber dieses Hinaufranken gelingt nur aus dem ursprünglichen Impuls gegenwärtigen Dabeiseins, aus dem eigenen Philosophieren, das im Studium wach wird.

Drittens: *Die alltägliche Gewissenhaftigkeit der Lebensführung*, der Ernst der entscheidenden Entschlüsse und das Übernehmen dessen, was ich getan und erfahren habe.

Wer einen der drei Wege versäumt, kommt nicht zu klarem und wahrem Philosophieren. Darum sind die Fragen für jeden, zumal jeden jungen Menschen, in welcher bestimmten Gestalt er diese Wege gehen will; denn er kann das auf ihnen Mögliche nur zum kleinen Teil selbst ergreifen. Es sind die Fragen:

Welche bestimmte Wissenschaft will ich fachmäßig aus dem Grunde kennenzulernen versuchen?

Welchen der großen Philosophen will ich nicht nur lesen, sondern erarbeiten? Wie will ich leben?

Die Antwort kann nur ein jeder für sich selbst finden. Sie darf nicht als nur bestimmender Inhalt fixiert werden, nicht in der Bestimmtheit endgültig und nicht äußerlich sein. Zumal die Jugend muß sich auch noch im Stande der Möglichkeit und des Versuchens bewahren.

Daher gilt: Entschieden zugreifen, aber nicht festrennen, sondern prüfen und korrigieren, dies aber nicht zufällig und beliebig, sondern mit dem Gewicht, das entsteht, wenn alles Versuchte bleibt und fortwirkt und die Folge ein Aufbau wird.

2. Über philosophische Lektüre

Lese ich, so will ich zunächst verstehen, was der Autor gemeint hat. Jedoch um zu verstehen, was gemeint ist, muß man nicht nur die Sprache, sondern die Sache verstehen. Das Verständnis ist von der Sachkunde abhängig.

Im philosophischen Studium ergeben sich dabei wesentliche Grunderscheinungen:

Wir wollen mit dem Verstehen der Texte die Sachkunde erst erwerben. Daher müssen wir an die Sache selbst denken und zugleich an das, wie es der Autor gemeint hat. Eines ohne das andere macht die Lektüre ergebnislos.

Indem ich beim Studium des Textes selber an die Sache denke, geschieht im Verstehen eine unwillkürliche Umformung. Daher ist zu rechtem Verständnis beides notwendig: Vertiefung in die Sache und Rückkehr zum klaren Verstehen des vom Autor gemeinten Sinnes. Auf dem ersten Weg erwerbe ich die Philosophie, auf dem zweiten die historische Einsicht.

Bei der Lektüre ist zunächst eine Grundhaltung erforderlich, die aus dem Vertrauen zum Autor und aus der Liebe zu der von ihm ergriffenen Sache erst einmal liest, als ob alles im Text Gesagte wahr sei. Erst wenn ich mich ganz habe hinreißen lassen, dabei war und dann aus der Mitte der Sache gleichsam wieder auftauchte, kann sinnvolle Kritik einsetzen.

In welchem Sinne wir Geschichte der Philosophie studieren und vergangene Philosophie uns aneignen, mag erörtert werden am Leitfaden der *drei Kantischen Forderungen*: Selbstdenken; an der Stelle jedes anderen denken; mit sich selbst einstimmig denken. Diese Forderungen sind unendliche Aufgaben. Jede vorwegnehmende Lösung, als ob man es schon hätte oder könnte, ist eine Täuschung; wir sind immer auf dem Wege dahin. Die Geschichte hilft auf diesem Wege.

Selbstdenken erfolgt nicht aus dem Leeren heraus. Was wir selbst denken, muß uns in der Tat gezeigt werden. Die Autorität der Überlieferung erweckt in uns die vorweg geglaubten Ursprünge durch die Berührung mit ihnen in den Anfängen und in den Vollendungen des historisch gegebenen Philosophierens. Alles weitere Studium setzt dieses Vertrauen voraus. Ohne es würden wir die Mühe des Plato-, des Kant-Studiums nicht auf uns nehmen.

Das eigene Philosophieren rankt sich gleichsam hinauf an den historischen Gestalten. Im Verstehen ihrer Texte werden wir selber Philosophen. Aber diese Aneignung ist im vertrauenden Folgen nicht Gehorsam. Sondern im Mitgehen prüfen wir am eigenen Wesen. »Gehorsam« heißt hier sich der Führung anvertrauen, erst einmal für wahr halten; wir sollen nicht gleich und jederzeit mit kritischen Reflexionen dazwischenfahren und nicht durch sie den wirklichen eigenen Gang unter der Führung lähmen. Gehorsam heißt weiter der Respekt, der sich billige Kritik nicht erlaubt, sondern nur eine solche, die, aus eigener und umfassender Arbeit, der Sache Schritt für Schritt näherkommt und dann ihr gewachsen ist. Der Gehorsam findet seine Grenze darin, daß als wahr anerkannt nur das wird, was im Selbstdenken zu eigener Überzeugung werden konnte. Kein Philosoph, auch nicht der größte, ist im Besitz der Wahrheit. Amicus Plato, magis amica veritas.

Wir kommen zur Wahrheit im Selbstdenken nur, wenn wir unablässig bemüht sind, *an der Stelle eines jeden anderen zu denken.* Man muß kennenlernen, was dem Menschen möglich ist. Indem man ernstlich zu denken versucht, was der andere gedacht hat, erweitert man die Möglichkeiten der eigenen Wahrheit auch dann, wenn man sich dem anderen Denken verweigert. Man lernt es nur kennen, wenn man es wagt, sich ganz in es zu versetzen. Das Ferne und Fremde, das Äußerste und die Ausnahme, ja das Absonderliche ziehen an, um nicht durch Auslassen eines Ursprünglichen, durch Blindheit oder Vorbeisehen die Wahrheit zu verfehlen. Daher wendet sich der Philosophierende nicht nur dem zunächst gewählten Philosophen zu, den er als den seinen ganz und restlos studiert, sondern auch der universalen Philosophiegeschichte, zu erfahren, was war und gedacht wurde.

Die Zuwendung zu der Geschichte bringt Zerstreuung in das Vielfache und Unverbundene. Die Forderung, jederzeit *mit sich selbst einstimmig zu denken,* geht gegen die Verführung, sich im Anblick des Bunten allzu lange der Neugier und dem Genuß der Betrachtung hinzugeben. Was geschichtlich aufgenommen wird, soll Anreiz werden; es soll uns entweder aufmerksam machen und erwecken oder in Frage stellen. Es soll nicht gleichgültig nebeneinander hergehen. Was nicht schon faktisch in der Geschichte in Beziehung und Austausch untereinander gekommen ist, soll von uns miteinander zur Reibung gebracht werden. Das Sich-Fremdeste soll aufeinander Bezug gewinnen.

Alles kommt dadurch zusammen, daß es in dem einen Ich des Verstehenden aufgenommen wird. Mit sich einstimmig werden heißt, das eigene Denken zu bewähren dadurch, daß das Getrennte, Gegensätzliche, Sichnichtberührende auf ein Eines bezogen wird. Die Universalgeschichte, sinnvoll angeeignet, wird zu einer wenn auch immer offenen Einheit. Die Idee der Einheit der Philosophiegeschichte, ständig in der Realität scheiternd, ist das Vorantreibende in der Aneignung.

3. Darstellungen der Geschichte der Philosophie

Die Darstellungen haben sehr verschiedene Ziele:

Sammlungen der gesamten Überlieferung, einfache Angaben der vorhandenen Texte, der biographischen Daten der Philosophen, der soziologischen Realitäten, der realen Zusammenhänge des Sichbekanntwerdens, der Diskussion, der nachweisbaren Entfaltungen oder Entwicklungen in faßbaren Schritten. Weiter die referierende Wiedergabe der Inhalte der Werke, Konstruktion der in ihnen wirksamen Motive, Systematiken, Methoden.

Dann Charakteristik des Geistes oder der Prinzipien einzelner Philosophen und ganzer Zeitalter. Schließlich Auffassung des historischen Gesamtbildes bis zur Weltgeschichte der Philosophie im Ganzen.

Die Darstellung der Philosophiegeschichte bedarf sowohl der philologischen Einsicht wie des eigenen Mitphilosophierens. Die wahrste historische Auffassung ist notwendig zugleich eigenes Philosophieren.

Hegel ist der Philosoph, der zuerst bewußt und in umfassender Weite die gesamte Philosophiegeschichte philosophisch aneignete. Seine Philosophiegeschichte ist dieses Sinnes wegen bis heute die großartigste Leistung. Aber sie ist auch ein Verfahren, das vermöge der eigenen Hegelschen Prinzipien mit der tiefdringenden Auffassung zugleich tötete. Alle vergangenen Philosophien wirken im Hegelschen Licht einen Augenblick wie in einem erleuchtenden Scheinwerfer; dann aber muß man plötzlich erkennen, daß Hegelsches Denken allen vergangenen Philosophen gleichsam das Herz ausschneidet und den Rest als Leichnam in den ungeheuren historischen Friedhof der Geschichte einsargt. Hegel ist mit allem Vergangenen fertig, weil er es zu übersehen glaubt. Sein verstehendes Eindringen ist nicht unbefangenes Aufschließen, sondern vernichtende Operation, nicht bleibendes Fragen, sondern unterwerfendes Erobern, nicht Mitleben, sondern Beherrschen.

Es ist zu raten, stets mehrere Darstellungen der Geschichte nebeneinander zu lesen, um von vornherein davor geschützt zu sein, einer Auffassung als einer vermeintlich selbstverständlichen zu verfallen. Liest man nur eine Darstellung, so zwingt sich ihr Schema unwillkürlich auf.

Ferner ist zu raten, keine Darstellung zu lesen, ohne wenigstens Stichproben der Lektüre von Originaltexten des Dargestellten zu machen.

Schließlich benutzt man Philosophiegeschichten als Nachschlagewerke zur literarischen Orientierung; vor allem den *Überweg*. Zum Nachschlagen sind brauchbar die Lexika.

Größere Lexika

Ludwig Noack, Historisch-biographisches Handwörterbuch der Philosophie. Leipzig 1879.

Rudolf Eisler, Handwörterbuch der Philosophie. Berlin 1913.

Philosophenlexikon von *Werner Ziegenfuß*. Berlin 1949.

André Lalande, Vocabulaire technique et critique de la philosophie. Paris 1928.

Kleinere Lexika

Kirchners Wörterbuch der philosophischen Grundbegriffe, bearbeitet von Michaelis. Leipzig 1907 (Neubearbeitung und Umgestaltung von *Johannes Hoffmeister*, Leipzig 1944).

Heinrich Schmidt, Philosophisches Wörterbuch. 9. Auflage, Leipzig 1934. Kröners Taschenausgabe.
Walter Brugger S. J., Philosophisches Wörterbuch. Freiburg 1947.
Erwin Metzke, Handlexikon der Philosophie. Heidelberg 1948.
Dagobert D. Runes, The Dictionary of Philosophy. 4. Edition, New York 1942.

Ich gebe im folgenden – für die Historiker wie für die Texte – nur Namenlisten. Für Ausgaben, Übersetzungen, Kommentare, für die Titel und den Inhalt der einzelnen Werke sind die literarischen Hilfsmittel zu benutzen: außer den Lexika vor allem die historischen Werke von *Überweg* und *Vorländer*.

Liste von Darstellungen der Geschichte der Philosophie

I. Abendländische Philosophie

Überweg: Dauernd unentbehrliches Nachschlagewerk.
Vorländer: Information für den Anfänger.
J. E. Erdmann: Bei Hegelianischer Konstruktion der Grundlinien im einzelnen sachlich vortreffliche Analysen.
Windelband: Elegante Übersichten ohne Tiefe im Stile des ablaufenden 19. Jahrhunderts.
Zeller: Griechische Philosophie, stoffreich, klar und verständig, nicht philosophisch.
Gilson: Moderner Historiker der mittelalterlichen Philosophie von Rang.

II. Indien und China

Indien
Deussen: Umfangreiches Werk, mit vielen Übersetzungen aus indischen Texten, bahnbrechend, befangen in Schopenhauerscher Philosophie.
Strauß: Kurz, übersichtlich, informierend.

China
Forke: Umfangreiches Werk. Referierend. Über viele im Abendland bis dahin unbekannte Gebiete berichtend.
Hackmann: In objektiver Kühle mehr äußerlich darstellend.
Wilhelm: Enthusiastisch ergriffen.
Zenker: Kürzeres Werk, geistvoll und klug.

4. Texte

Die gesamten vorhandenen Texte der abendländischen Philosophie, ihre Ausgaben, Kommentare und Übersetzungen, findet man angegeben im Überweg, eine kürzere brauchbare Auswahl bei Vorländer.

Für das eigene Studium will man sich eine begrenzte Bibliothek der wirklich wesentlichen Texte beschaffen. Eine Liste solcher Bibliothek wird persönliche Abwandlungen erfahren. Ein Kern ist doch fast allgemeingültig. Auch in ihm ist die Akzentuierung verschieden, so daß nirgends der schlechthin allgemeingültige Hauptakzent liegt.

Es ist gut, zunächst einen Hauptphilosophen zu wählen. Daß dieser einer der größten Philosophen sei, ist gewiß wünschenswert. Jedoch ist es möglich, auch an einem Philosophen zweiten und dritten Ranges, der zufällig als erster begegnete und tiefen Eindruck machte, den Weg zu finden. Jeder Philosoph, gründlich studiert, führt Schritt für Schritt in die gesamte Philosophie und in die gesamte Geschichte der Philosophie.

Eine Liste der Haupttexte ist für die Antike angewiesen auf das, was erhalten ist, insbesondere auf die wenigen bewahrten Gesamtwerke. Für die neueren Jahrhunderte ist die Fülle der Texte so massenhaft, daß umgekehrt die Auswahl des wenigen Unumgänglichen hier die Schwierigkeit ist.

Namenliste I

Abendländische Philosophie

Antike Philosophie

Fragmente der *Vorsokratiker* (600–400).
Plato (428–348).
Aristoteles (384–322).
Fragmente der alten *Stoiker* (300–200). Dazu *Seneca* (gest. 65 n. Chr.), *Epiktet* (etwa 50–138), *Mark Aurel* (reg. 161–180) – Fragmente *Epikurs* (342–271). Dazu: *Lukrez* (96–55) – Skeptiker. Dazu: *Sextus Empiricus* (um 150 n. Chr.) – *Cicero* (106–43), *Plutarch* (etwa 45–125).
Plotin (203–270).
Boethius (480–525).

Christliche Philosophie

Patristik: *Augustin* (354–430).
Mittelalter: *Johannes Scotus Eriugena* (9. Jahrh.) – *Anselm* (1033–1109) – *Abälard* (1079–1142) – *Thomas* (1225–1274) – *Johannes Duns Scotus* (gest. 1308) – *Meister Eckhart* (1260–1327) – *Ockham* (etwa 1300–1350) – *Nicolaus Cusanus* (1401–1464) – *Luther* (1483–1546) – *Calvin* (1509–1564).

Moderne Philosophie

Aus dem 16. Jahrhundert: *Macchiavelli* – *Morus* – *Paracelsus* – *Montaigne* – *Bruno* – *Böhme* – *Bacon.*
Aus dem 17. Jahrhundert: *Descartes* – *Hobbes* – *Spinoza* – *Leibniz* – *Pascal.*
Aus dem 18. Jahrhundert:
Englische Aufklärung: *Locke* – *Hume.*
Französische und englische Moralisten

Aus dem 17. Jahrhundert: *La Rochefoucauld – La Bruyère.*

Aus dem 18. Jahrhundert: *Shaftesbury – Vauvenargues – Chamfort.*

Die deutsche Philosophie: *Kant – Fichte – Hegel – Schelling.*

Aus dem 19. Jahrhundert:

Deutsche Professorenphilosophie des 19. Jahrhunderts, z. B. *Fichte d J. – Lotze.*

Die originalen Philosophen: *Kierkegaard – Nietzsche.*

Moderne Wissenschaften als Ort von Philosophie:

Staats- und Wirtschaftsphilosophie: *Tocqueville – Lorenz von Stein – Marx.*

Geschichtsphilosophie: *Ranke – Burckhardt – Max Weber.*

Naturphilosophie: *K. E. v. Baer – Darwin.*

Psychologische Philosophie: *Fechner – Freud.*

Zur ersten Charakteristik wage ich eine Reihe von gänzlich unzureichenden Bemerkungen. Nirgends meine ich damit irgendeinen Philosophen zu klassifizieren oder entscheidend zu treffen, obgleich die Sätze unvermeidlich so klingen. Ich bitte, meine Sätze als Fragen aufzufassen. Sie sollen nur aufmerksam machen. Wer noch nicht Bescheid weiß, soll vielleicht merken, wohin er aus seinen Neigungen zunächst greifen könnte.

Zur antiken Philosophie

Die *Vorsokratiker* haben den einzigen Zauber, der in den »Anfängen« liegt. Sie sind ungemein schwer sachentsprechend zu verstehen. Maß muß versuchen, abzusehen von aller »philosophischen Bildung«, die uns in geläufigen Denk- und Sprechweisen jene Unmittelbarkeit verschleiert. In den Vorsokratikern arbeitet sich der Gedanke aus der Anschauung ursprünglicher Seinserfahrung heraus. Wir sind dabei, wie zum erstenmal die gedanklichen Erleuchtungen geschehen. Eine nie wiedergekehrte Stileinheitlichkeit beherrscht das Werk des einzelnen großen Denkers als allein ihm eigen. Da nur Fragmente überliefert sind, erliegt fast jeder Interpret schnell der Verführung zum Hineindeuten. Alles ist hier noch voller Rätsel.

Die Werke des Plato, Aristoteles, Plotin sind als die einzigen aus der griechischen Philosophie einigermaßen vollständig erhalten. Diese drei stehen an erster Stelle für alles Studium der alten Philosophie.

Plato lehrt die ewigen philosophischen Grunderfahrungen. In die Bewegung seines Denkens ist der ganze Reichtum der vorhergehenden griechischen Philosophie aufgenommen. Er steht in der Erschütterung seines Zeitalters an der Grenze der Zeiten. In unabhängigster Offenheit erblickt er das Denkbare. Er erreicht die klarste Mitteilung seiner Gedankenbewegungen, aber so, daß das Geheimnis des Philosophierens Sprache wird, während es als Geheimnis ständig gegenwärtig bleibt. Alles Stoffliche ist bei ihm eingeschmolzen. Der Vollzug des Transzendierens ist das allein Wesentliche. Plato hat den Gipfel erklommen, über den, so scheint es, der

Mensch im Denken nicht hinauskommt. Von ihm sind bis heute die tiefsten Antriebe des Philosophierens ausgegangen. Er ist jederzeit mißverstanden worden, denn er bringt keine lernbare Lehre und muß immer wieder neu erworben werden. Im Plato-Studium wie im Kant-Studium lernt man nicht eine feststehende Sache, sondern kommt zum eigenen Philosophieren. Der spätere Denker zeigt sich selbst darin, wie er Plato versteht.

Aus *Aristoteles* lernt man die Kategorien, die von ihm her das gesamte abendländische Denken beherrschen. Er hat die Sprache (die Terminologie) des Philosophierens bestimmt, sei es, daß mit ihm oder gegen ihn oder in Überwindung dieser ganzen Ebene des Philosophierens gedacht wird.

Plotin benutzt die gesamte Überlieferung der antiken Philosophie als Mittel, eine wundersame Metaphysik auszusprechen, die, in ihrer Stimmung original, seitdem als die eigentliche Metaphysik durch die Zeiten geht. Die mystische Ruhe ist in der Musik einer Spekulation mittelbar geworden, die unüberholbar bleibt und in irgendeiner Weise widerklingt, wo immer seitdem metaphysisch gedacht wurde.

Die Stoiker, Epikureer und Skeptiker, dazu Platoniker und Aristoteliker (die Anhänger der neueren Akademie und die Peripatetiker) schaffen eine *allgemeine Philosophie der gebildeten Schichten,* des späteren Altertums, für die auch Cicero und Plutarch schrieben. Bei aller Gegensätzlichkeit rationaler Positionen und trotz ständiger gegenseitiger Polemik ist hier eine gemeinsame Welt. An ihr allseitig teilzunehmen, machte zwar den Eklektiker, machte aber auch die spezifisch begrenzte Grundhaltung dieser antiken Jahrhunderte, die persönliche Würde, die Kontinuität des im Wesentlichen sich nur Wiederholenden, das eigentümlich Fertige und Unfruchtbare, aber auch das allgemein Verständliche. Hier ist der Boden der bis heute gängigen Allerweltsphilosophie. Die letzte hinreißende Gestalt ist *Boethius,* dessen »Consolatio philosophiae« vermöge seiner Stimmung, Schönheit und Echtheit zu den Grundbüchern des philosophierenden Menschen gehört.

Schichten philosophischer Gemeinschaft in Bildung, Begrifflichkeit, Sprechweise und Haltung sind in der Folge die *Kleriker* des Mittelalters, die *Humanisten* seit der Renaissance, schwächer schon die spekulative idealistische Atmosphäre der deutschen Philosophie in der Bildungswelt zwischen 1770 und 1850 von Riga bis Zürich, von Holland bis Wien. Mit diesen Schichten sich zu beschäftigen, ist kulturgeschichtlich und soziologisch interessant. Es ist wichtig, den Abstand von den großen philosophischen Schöpfungen zu dieser sich verallgemeinernden Form des Denkens zu erfassen. Insbesondere ist der Humanismus wichtig, weil der ihm eigene Ursprung nicht eine große Philosophie, sondern eine geistige Haltung der Überlieferung und Aneignung, der Unbefangenheit des Verstehens und eine menschliche Freiheit ist, ohne die unser abendländisches Dasein unmöglich wäre. Der Humanismus (in der Renaissance nur bewußt geworden, in Pico, Erasmus, Marsilio Ficino noch heute lohnend kennenzulernen) geht durch alle Zeiten, seit der bewußten griechischen Paideia und seit die Römer im Zeitalter der Scipionen unter griechischem Einfluß ihn zuerst verwirklicht haben. In unseren Zeiten ist er schwach geworden. Es wäre ein Verhängnis von unabsehbaren geistigen und menschlichen Folgen, wenn er verschwände.

Zur christlichen Philosophie

Unter den Kirchenvätern steht in überragender Größe *Augustin.* Mit dem Studium seiner Werke gewinnt man das gesamte christliche Philosophieren. Hier finden sich die zahlreichen unvergeßlichen Formulierungen, in denen die Innerlichkeit Sprache gewinnt, welche in der antiken Philosophie in dieser hohen Reflektiertheit und Leidenschaft noch fehlt. Das unermeßlich reiche Werk ist voller Wiederholungen, manchmal von rhetorischer Breite, im ganzen vielleicht ohne Schönheit, im einzelnen von vollendeter Knappheit und Kraft tiefer Wahrheiten. Man lernt seine Gegner aus seinen Zitaten und Referaten in der Auseinandersetzung mit ihnen kennen. Er ist mit seinen Werken der Brunnen, aus dem bis heute alles Denken schöpft, das die Seele in ihren Tiefen sucht.

Scotus Eriugena erdenkt ein Gebäude des Seins von Gott, Natur und Mensch in neuplatonischen Kategorien mit dialektischer Freiheit der Entwicklung. Er bringt eine neue Stimmung selbstbewußter Weltoffenheit. Gelehrt, der griechischen Sprache kundig, Übersetzer des Dionysius Areopagita, entwirft er mit überliefertem Begriffsmaterial sein großzügiges, in der Haltung original wirkendes System. Er erblickt die Gottnatur und wird Neubegründer einer spekulativen Mystik, nachwirkend bis in die Gegenwart. Er steht einsam in philosophieferner Zeit. Sein Werk ist das Bildungsprodukt erinnernder Aneignung hoher Überlieferung aus einer philosophisch gläubigen Lebensverfassung heraus.

Das methodische Denken des Mittelalters ist original zuerst in *Anselm.* In den herben Formen des logischen und juristischen Denkens liegt das Bestrickende unmittelbarer Denkoffenbarungen des Metaphysischen. Uns fern und fremd, was die vermeintlich zwingende Kraft der Gedankengänge und die besonderen dogmatischen Sätze betrifft, ist er gegenwärtig und glaubwürdig in dem Offenbarwerden der Gehalte, sofern wir sie in ihrer menschlichen Allgemeinheit nehmen wie die des Parmenides, nicht in ihrem historischen Kleide der christlichen Dogmatik.

Abälard lehrt die Energie der Reflexion, die Wege des logisch Möglichen, die Methode der dialektischen Gegensätzlichkeiten als Weg der Erörterung der Probleme. Indem er durch Gegenüberstellung des Widersprechenden bis ins Äußerste fragt, wird er Begründer der scholastischen Methode, welche in Thomas ihren Gipfel erreicht, und bringt zugleich auch schon die Gefahr der Auflösung der vorher naiv tragenden christlichen Substanz.

Thomas erbaut das großartige, in der katholischen Welt bis heute überragend gültige, fast autoritative System, in dem das Reich der Natur und das Reich der Gnade, das vernünftig Begreifliche und das zu glaubende Unbegreifliche, das Weltliche und das Kirchliche, die widerlegten ketzerischen Positionen und das Moment der Wahrheit in ihnen zu einer Einheit zusammengegriffen und entfaltet werden, die man nicht mit Unrecht den großen Domen des Mittelalters verglichen hat. Er hat vereinigt, was das mittelalterliche Denken hervorgebracht hat. Von ihm aus gesehen, haben sie alle Vorarbeit geleistet, für die ordnende Herbeischaffung allen Materials und die Methode der Aneignung des Aristoteles zuletzt noch Albertus Magnus. Ihn übertrifft Thomas vielleicht nur durch Klarheit und Maß und Knappheit seines Denkens. In Stimmung und Anschauung ist diese vollendete philosophische Realität des Mittelalters aus Dantes »Göttlicher Komödie« kennenzulernen.

Duns Scotus und *Ockham* sind, fast im Augenblick, da der vollendete Bau mittelalterlichen Denkens fertig scheint, der Durchbruch. Duns Scotus, noch in einer Gestalt, die als orthodox gilt, erregt durch tiefsinnige Schwierigkeiten, die er im Willen und in der einmaligen Individualität als Hier und Jetzt entdeckt. Ockham bringt die erkennende Grundhaltung in eine Katastrophe, in der das moderne, zugleich sich bescheidende und in seinem Machtbereich weit ausgreifende Erkennen begründet wird. Politisch zerschlägt er die Ansprüche der Kirche als Publizist Ludwigs des Bayern. Auch er ist, wie alle mittelalterlichen Denker, deren Werke uns erhalten sind, gläubiger Christ (die Ungläubigen, die Skeptiker, Nihilisten sind zumeist nur durch Widerlegungen und Zitate bekannt). Ockhams Werke gibt es bis heute in keiner modernen Ausgabe. Sie sind nicht ins Deutsche übersetzt. Vielleicht die einzige große Lücke in der bisherigen Bearbeitung der Philosophiegeschichte.

Nicolaus Cusanus ist der erste Philosoph des Mittelalters, dem wir in einer Atmosphäre begegnen, die uns als die eigene erscheint. Zwar ist er noch ganz Mittelalter in seinem Glauben, denn hier ist noch ungebrochen die Einheit des kirchlichen Glaubens, das Vertrauen auf die werdende, alle Völker allen Glaubens schließlich einmal umfassende Welteinheit der katholischen Kirche. Aber sein Philosophieren entwirft nicht mehr das eine System, wie Thomas, bedient sich nicht mehr der scholastischen Methode, welche das Überlieferte in seinen widersprechenden Gegensätzen logisch aneignet, sondern er wendet sich geradezu auf die Sachen, seien diese metaphysisch (transzendent) oder empirisch (immanent). So geht er je besondere methodische Wege aus eigener Anschauung, vor der ein wunderbares, in diesen Spekulationen sich auf neue Weise enthüllendes Sein Gottes liegt. In diesem Sein der Gottheit sieht er alle Realitäten der Welt, und zwar so, daß bei ihm die Spekulation den empirischen Einsichten Bahn schafft und die empirischen wie mathematischen Erkenntnisse zu Mitteln der Gottesanschauung werden. Es ist in ihm ein umfassendes, allem Realen liebend nahes und es zugleich überschreitendes Denken. Die Welt wird nicht umgangen, sondern leuchtet selber auf im Licht der Transzendenz. Hier ist eine Metaphysik gedacht, die bis heute unersetzlich blieb. In ih- zu wandeln, gehört zu den glücklichen Stunden des Philosophierenden.

Anders *Luther*. Ihn zu studieren, ist unerläßlich. Er ist zwar der theologische Denker, der die Philosophie verachtet, von der Hure Vernunft redet, der aber selbst die existentiellen Grundgedanken vollzieht, ohne die das heutige Philosophieren kaum möglich wäre. Das Ineinander von leidenschaftlichem Glaubensernst und von anpassungsbereiter Klugheit, von Tiefe und von feindseliger Grundstimmung, von erleuchtender Treffsicherheit und von rohem Poltern macht das Studium wie zur Pflicht, so auch zur Qual. Die Atmosphäre, die von diesem Menschen ausgeht, ist fremd und philosophisch verderblich.

Calvin hat eine disziplinierte, methodische Form, die Großartigkeit der letzten Konsequenzen, die eiserne Logik, die Unbedingtheit im Festhalten der Prinzipien. Aber er ist in seiner lieblosen Intoleranz bei theoretischem wie praktischem Tun der schaurige Gegenpol des Philosophierens. Es ist gut, ihm ins Angesicht gesehen zu haben, um diesen Geist wiederzuerkennen, wo immer er in der Welt verschleiert und bruchstückhaft begegnet. Er ist der Gipfel jener Inkarnation christlicher Intoleranz, gegen die es nichts als Intoleranz gibt.

Zur modernen Philosophie

Die moderne Philosophie ist im Vergleich zur antiken und mittelalterlichen ohne umfassende Ganzheit, vielmehr zerstreut in verschiedenartigste, beziehungslose Versuche, zwar voll großartiger Systembauten, aber ohne Durchsetzung eines faktisch beherrschenden Systems. Sie ist außerordentlich reich, voll des Konkreten und frei in spekulativer Abstraktheit übermütiger Denkwagnisse, in ständigem Bezug auf neue Wissenschaft, national differenziert in italienischer, deutscher, französischer, englischer Sprache geschrieben, außer den Werken in lateinischer Form, die noch der Gewohnheit des fast ausschließlich lateinischen Mittelalters folgen.

Wir charakterisieren nach dem Schema der Jahrhunderte.

Das *sechzehnte Jahrhundert* ist reich an unmittelbar ergreifenden, unter sich heterogenen, ungewöhnlich persönlichen Schöpfungen. Sie sind bis heute fließende Quellen:

Politisch sind *Macchiavelli* und *Morus* Schöpfer der modernen Unbefangenheit des Fragens nach den realen Zusammenhängen. Ihre Schriften sind in ihrem historischen Gewande noch heute so anschaulich und interessant wie damals.

Paracelsus und *Böhme* führen in die an Tiefsinn und Aberglauben, an Hellsicht und unkritischer Verworrenheit gleich reiche Welt dessen, was heute Theosophie, Anthroposophie, Kosmosophie genannt wird. Anschauungskräftig und bilderreich führen sie in einen Irrgarten. Die rationale Struktur ist herauszuheben, zum Teil in rationalistischer Wunderlichkeit, zum Teil, besonders bei Böhme, in dialektischem Tiefsinn glänzend.

Montaigne ist der schlechthin unabhängig gewordene Mensch ohne Verwirklichungswillen in der Welt. Haltung und Betrachtung, Redlichkeit und Klugheit, skeptische Unbefangenheit und praktisches Sichzurechtfinden sind in moderner Gestalt ausgesprochen. Die Lektüre ist unmittelbar fesselnd, philosophisch für diese Gestalt des Lebens ein vollendeter Ausdruck, aber zugleich wie eine Lähmung. Ohne Aufschwung ist diese Selbstgenügsamkeit eine Verführung.

Bruno ist im Gegensatz dazu der unendlich ringende Philosoph, der im Ungenügen sich Verzehrende. Er weiß um die Grenzen und glaubt an das Höchste. Sein Dialog über die »eroici furori« ist ein Grundbuch der Philosophie des Enthusiasmus.

Bacon gilt als der Begründer des modernen Empirismus und der Wissenschaften. Beides zu Unrecht. Denn die eigentliche moderne Wissenschaft – die mathematische Naturwissenschaft – hat er in den Anfängen seiner Zeit nicht verstanden, und diese wäre auf seinen Wegen nie zustande gekommen. Aber Bacon hat, in einer der Renaissance eigenen Begeisterung für das Neue, sich den Gedanken von dem Wissen als Macht, von ungeheuren technischen Möglichkeiten, von Aufhebung der Illusionen zugunsten der verständigen Erfassung der Realität hingegeben. –

Das *siebzehnte Jahrhundert* bringt die Philosophie der rationalen Konstruktion. Es entstehen große Systeme in sauberer logischer Entwicklung. Es ist, als ob man in reine Luft käme, dafür verschwindet stillschweigend die anschauliche Fülle, die wirksame Bilderwelt. Die moderne Wissenschaft ist da, sie wird Vorbild.

Descartes ist der Begründer dieser neuen philosophischen Welt, neben ihm *Hobbes*. Descartes ist das Verhängnis durch seine Verkehrung in der Auffassung von Wissenschaft und Philosophie geworden. Wegen der Folgen und wegen des in der Sache naheliegenden Grundfehlers ist er noch heute zu studieren, um den Weg zu kennen, der zu vermeiden ist. Hobbes entwirft zwar ein System des Seins, aber seine Größe liegt in der politischen Konstruktion, deren großartige Konsequenz Linien des Daseins zeigt, die in solcher Helligkeit hier zum erstenmal und für immer bewußt wurden.

Spinoza ist der Metaphysiker, der mit überlieferten und mit Cartesianischen Begriffen eine philosophische Glaubenshaltung zum Ausdruck bringt, aber original in der metaphysischen Stimmung, die ihm allein damals eigen war und die ihm bis heute – als einzigem aus jenem Jahrhundert – eine philosophische Gemeinde anhangen läßt.

Pascal ist der Gegenstoß gegen die Verabsolutierung der Wissenschaft und des Systems. Sein Denken beherrscht beide, hat die gleiche Sauberkeit, aber die größere Wahrhaftigkeit und Tiefe.

Leibniz, universal wie Aristoteles, reicher als alle Philosophen dieses Jahrhunderts an Inhalten und an Erfindungen, immer schaffend, immer klug, ist doch in seiner Metaphysik ohne den großen Zug einer menschlich durchdringenden Grundverfassung. –

Das *achtzehnte Jahrhundert* zeigt zum erstenmal einen breiteren Strom philosophischer Literatur für ein Publikum. Es ist das Jahrhundert der Aufklärung.

Die englische Aufklärung hat in *Locke* ihre erste repräsentative Gestalt. Er gab der englischen Welt, die der Revolution von 1688 erwuchs, den geistigen Boden, auch im politischen Denken. *Hume* ist der überlegene Zergliederer, dessen Verständigkeit trotz aller Langeweile für uns heute nicht platt ist. Seine Skepsis ist die Härte und Redlichkeit eines Mutes, der es wagt, an den Grenzen dem Unbegreiflichen ins Auge zu sehen, ohne von ihm zu reden.

In Frankreich und auch in England gab es die aphoristischen und essayistischen Schriften der Kenner von Welt und Menschen, die man »Moralisten« nennt. Ihre Kennerschaft will im Psychologischen zugleich eine philosophische Haltung erziehen. Aus dem siebzehnten Jahrhundert und der großen Welt des Hofes schreiben La Rochefoulcauld und La Bruyère, aus dem achtzehnten Jahrhundert Vauvenargues und Chamfort. Shaftesbury ist der Philosoph ästhetischer Lebensdisziplin.

Die große deutsche Philosophie hat mit einer systematischen Energie und einer Offenheit für das Tiefste und für das Fernste gedankliche Durchbildung und Fülle der Gehalte in einem Maße, daß sie bis heute unerläßliche Grundlage und Erziehung für alles ernste philosophische Denken ist: *Kant, Fichte, Hegel, Schelling.*

Kant: der für uns entscheidende Schritt des Seinsbewußtseins, die Genauigkeit im denkenden Vollzug des Transzendierens, die Erhellung des Seins in seinen Grunddimensionen, das Ethos, aus dem Ungenügen unseres Wesens, die Gesinnung des weiten Raums und der Humanität, gemeinsam mit Lessing die Helligkeit der Vernunft selber. Ein adliger Mensch.

Fichte: zum Fanatismus gesteigerte Spekulation, gewaltsame Versuche des Unmöglichen, genialer Konstrukteur, Moralpathetiker. Eine verhängnisvolle Wirkung des Extremen und der Intoleranz geht von ihm aus.

Hegel: Beherrschung und allseitige Durcharbeitung der dialektischen Denkformen, das Innewerden der Gehalte jeder Art im Denken, der Vollzug der umfassendsten abendländischen geschichtlichen Erinnerung.

Schelling: Unermüdliches Ergrübeln des Letzten, Aufschluß unheimlichen Geheimnisses, Scheitern im System, Öffnung neuer Bahnen. –

Das *neunzehnte Jahrhundert* ist Übergang, Auflösung und Bewußtsein der Auflösung, stoffliche Breite, wissenschaftliche Weite. Die Kraft der Philosophie wird bei den lehrenden Philosophen immer schwächer, verwandelt sich in blasse, willkürliche Systeme ohne Geltung und in Philosophiegeschichte, die das gesamte historische Material zum erstenmal im ganzen Umfang zugänglich macht. Die Kraft der Philosophie selber lebt in Ausnahmen, die den Zeitgenossen kaum gelten, und in der Wissenschaft.

Die deutsche *Professorenphilosophie* ist lehrreich, voll Fleiß und Eifer, umfassend, und lebt doch faktisch nicht mehr aus der Energie des Menschseins, sondern aus der Universitätswelt bürgerlicher Kultur mit ihrem

Bildungswert, ihrem gutwilligen Ernst und ihren Grenzen. Auch bedeutendere Erscheinungen, wie Fichte d. J., Lotze u. a., wird man nur der Belehrung, nicht der Substanz wegen studieren.

Die *originalen Philosophen* des Zeitalters sind *Kierkegaard* und *Nietzsche*. Beide ohne System, beide Ausnahme und Opfer. Sie werden der Katastrophe sich bewußt, sprechen unerhörte Wahrheit aus und zeigen keinen Weg. In ihnen dokumentiert sich das Zeitalter durch die unerbittlichste Selbstkritik, die jemals in der Menschheitsgeschichte vollzogen wurde.

Kierkegaard: Formen des inneren Handelns, der Ernst des Gedankens für die persönliche Entscheidung, das Wiederflüssigwerden alles, insbesondere des fixierten Hegelschen Denkens. Gewaltsame Christlichkeit.

Nietzsche: Endlose Reflexion, Beklopfen und Befragen von allem, aufwühlen, ohne Boden zu finden, außer in neuen Absurditäten. Gewaltsame Antichristlichkeit.

Die modernen Wissenschaften werden nicht in der Breite ihres Betriebes, sondern in einzelnen, aber zahlreichen Persönlichkeiten Träger einer philosophischen Haltung. Nur beispielsweise seien einige Namen genannt.

Staats- und Gesellschaftsphilosophie: *Tocqueville* begreift den Gang der modernen Welt zur Demokratie durch soziologische Erkenntnis des Ancien régime, der Französischen Revolution, der Vereinigten Staaten von Amerika. Seine Sorge um die Freiheit, sein Sinn für die Würde des Menschen und für Autorität läßt ihn realistisch fragen nach dem Unumgänglichen und Möglichen. Er ist ein Mann und Forscher ersten Ranges. *Lorenz von Stein* erleuchtet auf Grund der politischen Taten und Gedanken der Franzosen seit 1789 die Folge der Ereignisse bis in die vierziger Jahre in der Polarität von Staat und Gesellschaft. Sein Blick richtet sich auf die Schicksalsfrage Europas. *Marx* nutzte diese Erkenntnisse, entfaltete sie in wirtschaftlichen Konstruktionen, versetzte sie mit dem Haß gegen alles Bestehende und erfüllte sie mit chiliastischen Zukunftszielen. Den benachteiligten und hoffnungslosen Proletariern aller Länder soll ein Licht der Hoffnung leuchten, das sie einigt zu einer Macht, welche imstande ist, die wirtschaftlich-soziologisch-politischen Zustände umzustürzen, um eine Welt der Gerechtigkeit und Freiheit aller zu schaffen.

Geschichtsphilosophie: Ranke entwickelt die historisch-kritischen Methoden im Dienste universalhistorischer Anschauung, die in der Atmosphäre Hegels und Goethes bei scheinbarer Ablehnung der Philosophie selber eine Philosophie ist. *Jacob Burckhardt* fühlt sich gleichsam als Priester geschichtlicher Bildung, zeigt das Große und Beglückende geschichtlicher Erinnerung, das Heil und Unheil aus der pessimistischen Grundhaltung, am Ende einer Welt zu stehen, der allein noch in solcher Erinnerung das Herrliche beschert ist. *Max Weber* lockert alle Befangenheiten, erforscht mit allen Mitteln das Reale der Geschichte, macht die Zusammenhänge in einer Weise deutlich, daß die meiste frühere Geschichtsschreibung wegen ihrer Unbestimmtheit in den Kategorien ihrer Auffassung blaß und ungenügend erscheint. Er entwickelt theoretisch und praktisch die Spannung zwischen Werten und Erkennen, schafft gerade durch die bescheidene Prüfung des wirklichen Erkennens unter Verzicht auf das Ungefähre und auf das Totale den Raum für alle Möglichkeiten.

Naturphilosophie: K. E. von Baer gewährt auf den Wegen entdeckender Forschung eine großartige Anschauung des Lebendigen in seinen Grundcharakteren. *Darwin,* sein Gegenpol, sucht in dieser Anschauung bestimmte Kausalzusammenhänge, die in ihren Konsequenzen die Anschauungen eigentlichen Lebens vernichten.

Psychologische Philosophie: Fechner begründet eine methodische experimentelle Erforschung des Verhältnisses von Psychischem und Physischem in der Sinneswahrnehmung (Psychophysik), dies aber als ein Glied in einer begrifflich durchgeführten, in der Tat traumhaften Konstruktion der Beseelung alles Lebens und aller Dinge. *Freud* treibt die entlarvende Psychologie als populär wirksame Naturalisierung und Trivialisierung der in Kierkegaard und Nietzsche in hoher Gestalt gegebenen Einsichten. Eine in der Form von Menschenfreundlichkeit in der Tat hassende und verödende Weltanschauung war einem Zeitalter gemäß, dessen Lügenhaftigkeiten hier erbarmungslos zersetzt wurden, aber so, als ob diese Welt die Welt überhaupt wäre.

Namenliste II

China und Indien

Chinesische Philosophie
Laotse (6. Jahrh. v. Chr.) – *Konfuzius* (6. Jahrh. v. Chr.) – *Me Ti* (zweite Hälfte des 5. Jahrh. v. Chr.) – *Tschuang-tse* (4. Jahrh. v. Chr.).

Indische Philosophie
Upanischaden (etwa 1000–400 v. Chr.) – Pali-Kanon des *Buddhismus* – Texte aus dem Mahabharata (letzte Jahrh. v. Chr.).
Bhagavadgita u. a. – Arthashastra des *Kautilya* – *Shankara* (9. Jahrh. n. Chr.).

Wie sie mit den bisherigen Mitteln an *Übersetzungen* und *Interpretationen* zugänglich wird, ist die gesamte *chinesische* und *indische* Philosophie im Vergleich zur abendländischen von unvergleichlich geringerem Umfang und geringerer Entfaltung in den Verzweigungen prägnanter Gestaltungen. Die abendländische bleibt für uns der Hauptgegenstand. Zwar ist es zu viel gesagt, wir verständen von der asiatischen Philosophie nur das, was wir auch ohne sie aus der eigenen Philosophie wüßten. Aber es ist richtig, daß die meisten Interpretationen sich so sehr der abendländischen Kategorien bedienen, daß auch für den, der die asiatischen Sprachen nicht versteht, der Irrtum fühlbar wird.

Die Parallele der drei Entwicklungen – China, Indien, Abendland –

ist daher zwar historisch richtig, gibt aber doch für uns insofern ein schiefes Bild, weil dadurch in allen dreien ein gleiches Gewicht da zu sein scheint. Das ist für uns nicht der Fall. Die unersetzlichen Blicke, die uns das asiatische Denken gewährt, können nicht darüber täuschen, daß die ganze Fülle, daß alle uns wirklich beseelenden Gehalte uns noch aus abendländischem Denken kommen. Hier allein ist die Klarheit der Unterscheidungen, die Bestimmtheit der Fragestellungen, der Bezug auf Wissenschaften, der Kampf der ins einzelne gehenden Diskussionen, der lange Atem der Gedankenbewegungen, wie sie uns unerläßlich sind.

Namenliste III

In Religion, Dichtung und Kunst verborgene Philosophie

Religion: Die Bibel – Die in religionsgeschichtlichen Lesebüchern gesammelten Texte.

Dichtung: Homer – Äschylos, Sophokles, Euripides – Dante – Shakespeare – Goethe – Dostojewskij.

Kunst: Lionardo – Michelangelo – Rembrandt.

Zur Aneignung der Gehalte der Philosophie in ihrer Geschichte gehört mehr als die Lektüre der Philosophen im engeren Sinne. Außer der Klarheit über die Entwicklung des Wissenschaften ist unerläßlich, sich von den hohen Werken der Religion, der Dichtung, der Kunst ergreifen zu lassen. Man soll nicht immer anderes und vielerlei lesen, sondern in das Große sich anhaltend und immer wieder noch einmal vertiefen.

5. Die großen Werke

Einige wenige Werke der Philosophie sind in dem Sinn ihres Gedankens so *unendlich* wie große Kunstwerke. In ihnen ist *mehr gedacht, als der Autor selber wußte.* Zwar ist überhaupt in jedem tiefen Gedanken angelegt, was der Denkende an Konsequenzen nicht sogleich übersieht. Aber in den großen Philosophien ist es die Totalität selber, die das Unendliche in sich birgt. Es ist das in allem Widersprüchlichen erstaunlich Einstimmende, derart, daß die Widersprüche selber zum Ausdruck der Wahrheit werden. Es ist eine Verflochtenheit der Gedanken, die in der Klarheit der Vordergründe ein Unergründliches hell werden lassen. Es sind Wunderwerke, die man sieht, je geduldiger man interpretiert. So sind zum Beispiel die Werke Platos, die Werke Kants, Hegels Phänomenologie des Geistes – aber mit Unterschieden: bei *Plato* in hellster Bewußtheit die abgewogene Form, die Vollendung, das hellste Wissen um die Methode, die Heranziehung der Kunst zur Mitteilung der philosophischen Wahrheit, ohne Einbuße der Straffheit und der Prägung des Gedankens. Bei *Kant* die größte Redlichkeit, das Verläßliche in jedem Satz, die schönste Klarheit. Bei *Hegel* das Unverläßliche im Sichgestatten, auch vorbeizudenken, dafür der Reichtum der Gehalte, das Schöpfertum, das die Tiefe an Gehalten zeigt, nicht im eigenen Philosophieren verwirklicht. Dieses ist vielmehr mit Gewalt und Täuschung versetzt, hat die Tendenz der Scholastik dogmatischer Schemata und zu ästhetischer Betrachtung.

Die Philosophen sind außerordentlich verschiedenen Ranges und verschiedener Art. Es ist ein philosophisches Lebensschicksal, ob ich mich in der Jugend dem Studium *eines* der großen Philosophen und *welchem* anvertraue.

Man darf sagen, daß in einem der großen Werke alles liege. An einem der Großen arbeitet man sich hinauf in das gesamte Reich der Philosophie. Durch gründliches Eindringen in ein hohes Lebenswerk gewinne ich die Mitte, von der und zu der hin sich alles andere erleuchtet. Im Studium dieses Werkes wird alles andere herangezogen. Im Zusammenhang damit gewinnt man eine Orientierung über die gesamte Philosophiegeschichte, lernt in ihr wenigstens Bescheid zu wissen, läßt durch Stichproben aus den Originaltexten Eindrücke entstehen, ahnt, was sonst noch da ist. Infolge der uneingeschränkten Gründlichkeit an einer Stelle bewahrt man die Selbstkritik über das Maß des Wissens, das man nur abgestuft von den anderen philosophischen Gedankenbildungen sich erwirbt.

Dem jungen Menschen möchte wohl ein Ratschlag erwünscht sein, welchen Philosophen er wählen solle. Diese Wahl aber muß ein jeder selber treffen. Man kann ihm nur zeigen und ihn aufmerksam machen. Die Wahl ist eine Wesensentscheidung. Sie erfolgt vielleicht nach tastenden Versuchen. Sie kann in der Folge der Jahre ihre Erweiterung erfahren. Trotzdem gibt es Ratschläge. Ein alter Rat ist es, man solle Plato und Kant studieren, damit sei alles Wesentliche erreicht. Diesem Rat stimme ich zu.

Keine Wahl ist es, sich von fesselnder Lektüre hinreißen zu lassen, so etwa von Schopenhauer oder Nietzsche. Wahl bedeutet Studium mit allen zur Verfügung stehenden Mitteln. Damit bedeutet sie ein Hineinwachsen in die gesamte Geschichte der Philosophie von einer ihrer großen Erscheinungen her. Ein Werk, das nicht auf diesen Weg führt, ist eine unvorteilhafte Wahl, obgleich schließlich jedes philosophische Werk bei wirklichem Studium irgendwie ergiebig werden muß.

Die Wahl eines großen Philosophen zum Studium seiner Werke bedeutet also nicht Beschränkung auf ihn. Im Gegenteil ist beim Studium eines Großen zugleich auch das äußerste Andere möglichst frühzeitig ins Auge zu fassen. Befangenheit ist die Folge der Beschränkung auf einen, auch auf den unbefangensten Philosophen. Nicht nur gilt im Philosophieren keine Menschenvergötterung, keine Steigerung des einen zum einzigen, kein ausschließender Meister. Vielmehr ist der Sinn des Philosophierens das Offenwerden für die Wahrheit im Ganzen, nicht als die nivellierte, abstrakte Wahrheit überhaupt, sondern als ihre Mannigfaltigkeit in den hohen Verwirklichungen.

Werke von Karl Jaspers

Allgemeine Psychopathologie. 1913. 9. Aufl. 1973. 748 Seiten. Springer-Verlag, Heidelberg/Berlin/New York

Psychologie der Weltanschauungen. 1919. 6. Aufl. 1971. 486 Seiten. Springer-Verlag, Heidelberg/Berlin/New York

Strindberg und van Gogh. Versuch einer pathographischen Analyse unter vergleichender Heranziehung von Swedenborg und Hölderlin. 1922. 4. Aufl. 1977. 183 Seiten. R. Piper & Co. Verlag, München (Serie Piper 167)

Die geistige Situation der Zeit (1931). 1931. 8. Abdruck der 5. Aufl. (1932) 1971. 211 Seiten. Verlag W. de Gruyter & Co., Berlin/New York (Sammlung Göschen)

Max Weber. Politiker – Forscher – Philosoph. 1932. 4. Aufl. 1958. 89 Seiten. R. Piper & Co. Verlag, München (Piper-Bücherei 121)

Philosophie. 1932. 4. Aufl. 1973. 3 Bde., 1056 Seiten. Springer-Verlag, Heidelberg/Berlin/New York

Vernunft und Existenz. Fünf Vorlesungen. 1935. 5. Aufl. 1973. 127 Seiten. R. Piper & Co. Verlag, München (Serie Piper 57)

Nietzsche. Einführung in das Verständnis seines Philosophierens. 1936. 4. Aufl. 1981. 487 Seiten. Verlag W. de Gruyter & Co., Berlin/New York

Descartes und die Philosophie. 1937. 4. Aufl. 1966. 104 Seiten. Verlag W. de Gruyter & Co., Berlin/New York

Existenzphilosophie. 1938. 4. Aufl. 1974. 90 Seiten. Verlag W. de Gruyter & Co., Berlin/New York

Die Idee der Universität. 1946. Reprint 1980 mit einem Geleitwort von Adolf Laufs. 132 Seiten. Springer-Verlag, Heidelberg/Berlin/New York

Vom europäischen Geist. 1947. 31 Seiten. R. Piper & Co. Verlag, München

Nietzsche und das Christentum. 1946. 3. Aufl. 1963. 84 Seiten. R. Piper & Co. Verlag, München (Piper-Bücherei 182)

Philosophische Logik. Erster Band: Von der Wahrheit. 1947. 2. Aufl. 1958. XXIII, 1103 Seiten. R. Piper & Co. Verlag, München

Der philosophische Glaube. 1948. 7. Aufl. 1981. 136 Seiten. R. Piper & Co. Verlag, München (Serie Piper 69)

Vom Ursprung und Ziel der Geschichte. 1949. 8. Aufl. 1983. 349 Seiten. R. Piper & Co. Verlag, München (Serie Piper 298)

Vernunft und Widervernunft in unserer Zeit. 1950. 2. Aufl. 1952. 71 Seiten. R. Piper & Co. Verlag, München

Rechenschaft und Ausblick. Reden und Aufsätze. 1951. 2. Aufl. 1958. 432 Seiten. R. Piper & Co. Verlag, München (Sammlung Piper)

Lionardo als Philosoph. 1953. 77 Seiten. A. Francke-Verlag, Bern

Einführung in die Philosophie. Zwölf Radiovorträge. 1953. 22. Aufl. 1983. 128 Seiten. R. Piper & Co. Verlag, München (Serie Piper 13)

Die Frage der Entmythologisierung (mit Rudolf Bultmann). 1954. 3. Aufl. 1981. 143 Seiten. R. Piper & Co. Verlag, München (Serie Piper 207)

Schelling. Größe und Verhängnis. 1955. 346 Seiten. R. Piper & Co. Verlag, München

Die großen Philosophen. Erster Band: Die maßgebenden Menschen – Die fortzeugenden Gründer des Philosophierens – Aus dem Ursprung denkende Metaphysiker.

Die Atombombe und die Zukunft des Menschen. Ein Radiovortrag. 1957. 27 Seiten. R. Piper & Co. Verlag

Die Atombombe und die Zukunft des Menschen. Politisches Bewußtsein in unserer Zeit. 1958. 6. Aufl. 1982. 505 Seiten. R. Piper & Co. Verlag, München (Serie Piper 237)

Philosophie und Welt. Reden und Aufsätze. 1958. 2. Aufl. 1963. 404 Seiten. R. Piper & Co. Verlag, München (Sammlung Piper)

Wahrheit, Freiheit und Friede / Hannah Arendt: Karl Jaspers. Reden zur Verleihung des Friedenspreises des Deutschen Buchhandels 1958. 3. Aufl. 1958. 40 Seiten. R. Piper & Co. Verlag, München

Wahrheit und Wissenschaft / Adolf Portmann: Naturwissenschaft und Humanismus. 1960. 45 Seiten. R. Piper & Co. Verlag, München

Freiheit und Wiedervereinigung. Über Aufgaben deutscher Politik. 1960. 123 Seiten. R. Piper & Co. Verlag, München

Der philosophische Glaube angesichts der Offenbarung. 1962. 2. Aufl. 1963. 576 Seiten. R. Piper & Co. Verlag, München

Über Bedingungen und Möglichkeiten eines neuen Humanismus. Drei Vorträge. 1962. 95 Seiten. Reclam-Verlag, Stuttgart

Gesammelte Schriften zur Psychopathologie. 1963. 421 Seiten. Springer-Verlag, Heidelberg/Berlin/New York

Lebensfragen der deutschen Politik. 1963. 315 Seiten. Deutscher Taschenbuch-Verlag, München

Nikolaus Cusanus. 1964. 271 Seiten. R. Piper & Co. Verlag, München

Hoffnung und Sorge. Schriften zur deutschen Politik 1945–1965. 1965. 373 Seiten. R. Piper & Co. Verlag, München

Kleine Schule des philosophischen Denkens. 1965. 7. Aufl. 1980. 183 Seiten. R. Piper & Co. Verlag, München (Serie Piper 54)

Wohin treibt die Bundesrepublik? Tatsachen – Gefahren – Chancen. 1966. 8. Aufl. 1967. 281 Seiten. R. Piper & Co. Verlag, München

Antwort. Zur Kritik meiner Schrift ‚Wohin treibt die Bundesrepublik?' 1967. 235 Seiten. R. Piper & Co. Verlag, München

Schicksal und Wille. Autobiographische Schriften. Hrsg. von Hans Saner. 1967. 2. Aufl. 1969. 186 Seiten. R. Piper & Co. Verlag, München

Philosophische Aufsätze. 1967. 247 Seiten. Fischer Taschenbuch Verlag, Frankfurt a. M.

Aneignung und Polemik. Gesammelte Reden und Aufsätze zur Geschichte der Philosophie. Hrsg. von Hans Saner. 1968. 518 Seiten. R. Piper & Co. Verlag, München

Provokationen. Gespräche und Interviews. Hrsg. von Hans Saner. 224 Seiten. R. Piper & Co. Verlag, München

Chiffren der Transzendenz. Hrsg. von Hans Saner. 1970. 3. Aufl. 1977. 111 Seiten. R. Piper & Co. Verlag, München (Serie Piper 7)

Was ist Philosophie? Ein Lesebuch. Textauswahl und Zusammenstellung von Hans Saner. 1976. 2. Aufl. 1978. 415 Seiten. R. Piper & Co. Verlag, München

Was ist Erziehung? Ein Lesebuch. 1977. 388 Seiten. R. Piper & Co. Verlag, München

Philosophische Autobiographie. 1977. 136 Seiten. R. Piper & Co. Verlag, München

Notizen zu Martin Heidegger. Hrsg. von Hans Saner. 1978. 2. Aufl. 1978. 342 Seiten. R. Piper & Co. Verlag, München

Die großen Philosophen. Nachlaß 1 und 2. Hrsg. von Hans Saner. 1981. 2 Bde., 1236 Seiten. R. Piper & Co. Verlag, München

Weltgeschichte der Philosophie. Einleitung. Aus dem Nachlaß hrsg. von Hans Saner. 1982. 192 Seiten. R. Piper & Co. Verlag, München

Karl Jaspers

Die Atombombe und die Zunkunft des Menschen

Politisches Bewußtsein in unserer Zeit. 7. Aufl., 58. Tsd. 1983. 505 Seiten. SP 237
Dieses Buch, das die durch die nukleare Bedrohung qualitativ veränderte Lebenssituation des Menschen philosophisch reflektiert und ein neues politisches Bewußtsein für unsere Zeit formuliert, hat bei seinem Erscheinen vor gut zwei Jahrzehnten einen außerordentlichen Widerhall gefunden.

Augustin

1976. 86 Seiten. SP 143

Chiffren der Transzendenz

Hrsg. von Hans Saner. 4. Aufl., 16. Tsd. 1984. 111 Seiten. SP 7

Denkwege

Ein Lesebuch. Auswahl und Zusammenstellung der Texte von Hans Saner.
1983. 157 Seiten. Geb.

Die großen Philosophen

Erster Band
Die maßgebenden Menschen – Die fortzeugenden Gründer des Philosohierens – Aus dem Ursprung denkender Metaphysiker. 3. Aufl., 14. Tsd. 1981.
968 Seiten. Leinen
1957 erschien der erste Band der »Großen Philosophen«. Das Werk erregte damals Aufsehen durch eine völlig neue Typologie der Denker und durch ihre Darstellung als Zeitgenossen in einem übergeschichtlichen Raum. Jaspers verfolgte damit zwei Ziele: Er wollte einerseits möglichst exakt aufzeigen, was die großen Denker der Vergangenheit gesagt hatten; er wollte es aber in einer neuen Aneignung so tun, das die Philosophen den heutigen Leser wieder ansprechen.

Die großen Philosophen

Nachlaß I
Darstellungen und Fragmente. Hrsg. von Hans Saner. 1981. 679 Seiten. Leinen

Karl Jaspers

Strindberg und van Gogh

Versuch einer vergleichenden pathographischen Analyse.
1977. 183 Seiten. SP 167

Vom Ursprung und Ziel der Geschichte

8. Aufl., 39. Tsd. 1983. 349 Seiten. SP 298

Von der Wahrheit

Philosophische Logik. Erster Band. 3. Aufl., 13. Tsd. 1983.
XXIII, 1103 Seiten. Leinen
»Von der Wahrheit«, eines der Hauptwerke des Philosophen, ist der erste Band der Logik: einer Logik des Vorlogischen. In ihm wird das Denken des Wahrseins in seinen verschiedenen Bedeutungen und in seinen mannigfaltigen Beziehungen zum Sein untersucht. Es ist Jaspers' Grundlegung einer neuen Weltphilosophie von kolossalen Ausmaßen, die so offen sein soll, daß sie das Denken aus allen Ursprüngen zu verstehen vermag.

Wahrheit und Bewährung

Philosophieren für die Praxis. 1983. 216 Seiten. SP 268

Karl Jaspers/Rudolf Bultmann
Die Frage der Entmythologisierung

1981. 143 Seiten. SP 207

Weltgeschichte der Philosophie

Einleitung. Aus dem Nachlaß herausgegeben von Hans Saner
1982. 192 Seiten. Leinen

Erinnerungen an Karl Jaspers

Hrsg. von Klaus Piper/Hans Saner.
1974. 333 Seiten. 2 Fotos. Geb.

PIPER